드림

기적의
공부공식

20만 중학생을 위한
기적의 공부 공식

초판 1쇄 발행 2012년 7월 23일
초판 2쇄 발행 2013년 7월 19일

지은이 이병훈

발행인 장상진
발행처 경향미디어
등록번호 제313-2002-477호
등록일자 2002년 1월 31일

주소 서울시 영등포구 양평동 2가 37-1번지 동아프라임밸리 507-508호
전화 1644-5613 | **팩스** 02) 304-5613

저작권자 ⓒ 2012 이병훈

ISBN 978-89-6518-063-0 13370

경향에듀는 경향미디어의 자녀교육 전문 브랜드입니다.

20만 중학생을 위한

기적의 공부 공식

| 이병훈 지음 |

경향에듀

공부에도 공식이 있다

공부를 하고 싶고 공부 잘하고 싶어서 미칠 것 같은 기분은 보통의 중고생이라면 들지 않는 게 보다 자연스럽고 정상적이다. 아니 공부 말고 그 무엇을 해도 좋을 때가 중고생 시절이다. 꿈이 있는 친구들은 조금 사정이 낫고 환경이 어려워 공부만이 탈출구인 친구들은 어쩔 수 없다지만 대다수의 학생들은 그냥 일상이 지루하고 답답하며 공부만 하도록 몰아세우는 주변 어른들이 야속할 따름이다.

그래서 이번엔 공부해라 노력만 강요하기 전에 공부하는 방법을 알려 주려 한다. 그 이름을 이른바 공부 공식이라 정했다. 게임을 할 때도 전략과 전술이 중요하다. 잘하는 방법을 알아야 게임이 즐겁다. 공부는 말해서 뭐하랴. 공부 공식은 크게 공부를 위한 '시간-전략-방법-평가'의 네 가지 요소로 구성된다. 이 네 가지를 조화롭게 갖춰야만 노력이 득점과 연결되고 하기 싫은 공부가 재미있는 게임처럼 내 것이 된다. 그러면 나는 자연스레 공부 잘하는 아이라는 아이덴티티가 생긴다. 더 이상 성적 하락은 나의 아이덴티티가 아니고 보충할 정신적, 정서적 에너지가 생긴다. 한번 닦아 놓은 나에 대한 아이덴티티는 쉽사리 깨지지 않는다.

공부 공식은 에듀플렉스가 2004년부터 교육의 가치로 여겨 온 자기주도학습과 학습 매니지먼트의 오랜 노하우에서 비롯된 결과물이다. 특히 에듀플렉스 대표이자 원조 학습 매니저이신 고승재 대표님이 그간의 우리의 노하우를 집대성해서 그 정수만을 뽑아 낸 것이 바로 공부 공식이다. 당연히 이를 따른다면 모든 학생들의 성공이 가능하다.

항상 집필의 근간을 제공하는 에듀플렉스와 사랑하는 아내 그리고 귀염둥이 아들 서진이에게 감사를 표한다. 모쪼록 대한민국의 모든 중고생들이 이 책을 통해 공부를 바라보는 똑똑한 눈을 갖고 부지런한 노력으로 승리하기를 기원한다.

2012년 6월, 이병훈

공부 공식

대분류	중분류	소분류	Lv0	Lv1	Lv2	Lv3	Lv4	Lv5
학습 시간	양적 학습 시간	자기 학습 시간	나는 스스로 공부하는 것이 어렵기 때문에 혼자 공부하는 시간을 갖지 않는다.	나는 혼자 공부하는 시간이 매일 1시간 미만이다.	나는 매일 1시간씩 스스로 공부하거나 주 2회 정도 2시간씩 공부한다.	나는 스스로 공부하는 시간을 매일 3시간 확보하여 주 4회 이상 실천한다.	나는 스스로 공부하는 시간을 매일 4시간 확보하여 주 4회 이상 실천한다.	나는 스스로 공부하는 시간을 매일 5시간 이상 확보하여 하루도 빠짐없이 실천하고 있다.
	질적 학습 시간	절제력	나는 공부할 때 친구가 부르거나 TV를 보거나 게임이 하고 싶으면 양심의 가책 없이 바로 뛰쳐나가고 공부를 포기한다.	나는 공부할 때 친구가 부르거나 TV를 보거나 게임이 하고 싶으면 하던 공부를 두고 미루고 뛰쳐나가나 후에 실천하지 못하여 후회한다.	나는 공부할 때 친구가 부르거나 TV를 보거나 게임이 하고 싶으면 해야 할 공부를 대충이라도 끝내고 뛰쳐나간다.	나는 스스로 공부할 때 친구가 부르거나 TV를 보거나 게임이 하고 싶어도 나가지 않고 공부를 계속하나 공부에 집중하기 힘들다.	나는 공부할 때 친구가 부르거나 TV를 보거나 게임이 하고 싶어도 꾹 참고 해야 할 공부를 집중하여 마친다.	어떤 것도 나의 학습을 방해할 수 없기 때문에 어떤 환경에서도 흔들림 없이 공부한다.
		집요함	나는 공부를 하다가 모르는 내용이 나오면 답답한 마음에 풀어 공부하는 것을 포기한다.	나는 공부를 하다가 모르는 내용은 건너뛰고 공부한다.	나는 공부를 하다가 모르는 내용이 나오면 고민하지 않고 바로 암기하고 넘어간다.	나는 공부를 하다가 모르는 내용이 나오면 바로 도움을 요청하고 그 내용을 암기한다.	나는 공부를 하다가 모르는 내용이 나오면 복습하고 반복 도움을 요청하여 해결한다.	나는 공부를 하다가 모르는 내용이 이해될 때까지 완벽하게 이해할 때까지 몇 번이고 반복 학습한 후 그 내용이 맞는지 확인한다.
		집중력	나는 집중해서 공부해 본 적이 없다.	나는 공부 시간의 절반 이상을 화장실 가기, 물 마시기 등의 딴짓을 하느라 보낸다.	나는 공부에 대한 집중력을 빨리 잃지만 공부 시간의 절반은 집중하는 편이다.	나는 대체로 집중해서 공부하지만 공부하다 딴짓을 해야 시간을 보낸다.	나는 집중해서 공부하다 보면 나도 모르게 2~3시간이 훌쩍 지나간다.	나는 밤낮 가리는 시간과 시간 외에 화장실 가는 시간 외에 항상 학습에 온전 집중한다.

대분류	중분류	소분류	공부 공식					
			Lv 0	Lv 1	Lv 2	Lv 3	Lv 4	Lv 5
학습 전략	학습 준비	자가 진단	나는 나의 학습의 부족한 점과 문제점을 고려해 본 적이 없다.	나는 나의 학습의 부족한 점과 문제점을 일러 주면 거우 이해할 수 있다.	나는 나의 학습의 부족한 점과 문제점을 어렴풋이 알고 있으나 해결 방법은 찾을 수 없다.	나는 나의 학습의 부족한 점과 문제점에 상관없이 주요 과목에 우선순위와 비중을 두어 공부한다.	나는 나의 학습의 부족한 점과 문제점을 알고 전 과목의 우선순위와 비중을 정하지만 불인정할 때가 있다.	나는 나의 학습의 부족한 점과 문제점을 알고 이를 바탕으로 전 과목의 우선순위와 비중을 정확히 정할 수 있다.
		학습 도구 탐색	나는 내 수준에 알맞은 교재나 강의가 무엇인지 전혀 모르고 찾아본 적도 없다.	나는 나에게 알맞은 교재나 강의가 무엇인지 모르기 때문에 주어에서 시키는 것만 선택한다.	나는 주위에 물어봐서 유명한 교재나 강의를 선택한다.	나는 지금 나에게 필요한 교재나 강의를 직접 찾아본 뒤 평이 좋고 유명한 것 위주로 선택한다.	나는 지금 나에게 필요한 교재나 강의를 직접 찾아 문제로 본 뒤가장 많은 도움이 될 것을 선택한다.	나는 교재나 강의를 목적과 시기에 맞게 분석하여 필요에 따라 가장 효율적인 것을 선택한다.
	계획 수립	셀프 리더	나는 셀프 리더를 전혀 사용하지 않는다.	나는 셀프 리더를 거의 사용하지 않지만 사용할 때는 오늘 공부할 과목만 새겨본다.	나는 셀프 리더를 생각날 때만 가끔 사용하며 오늘 공부할 과목과 시간을 새겨본다.	나는 셀프 리더를 시험 대비 등 무지 있을 때만 사용하며 오늘 공부할 과목과 시간, 분량을 새겨본다.	나는 셀프 리더를 거의 매일 사용하여 오늘 공부할 과목, 시간, 분량을 모두 새겨본다.	나는 셀프 리더를 매일 빠짐없이 사용하여 오늘 공부할 과목, 시간, 분량을 모두 새겨본다.
		탐 포트폴리오	나는 탐 스케줄러나 연간 포트폴리오 같은 긴 계획을 전혀 세우지 않는다.	나는 사람이 있는 달에만 탐 스케줄러를 대충 생각하지만 작지 않는다.	나는 사람이 있는 달에만 탐 스케줄러를 작성한다.	나는 나의 한 상태를 크게 고려하지 않고 이상적으로 생각되는 탐 스케줄러와 연간 포트폴리오를 작성한다.	나는 나의 한 상태를 고려한 탐 스케줄러와 연간 포트폴리오를 참고하여 자료를 작성한다.	나는 시기마다 나의 한 상태를 고려하여 적절하고 구체적인 탐 스케줄러와 연간 포트폴리오를 스스로 작성한다.

대분류	중분류	소분류	Lv0	Lv1	Lv2	Lv3	Lv4	Lv5
CHAMP 학습법	CHAMP 학습 흐름	CHAMP 학습 흐름	나는 학습 교재를 일정한 순서 없이 내키는 대로 공부한다.	나는 학습에 정리된 내용을 한 번 읽어 본 후 바로 문제를 푼다.	나는 학습에 정리된 내용을 한 번 읽어 보고 중요한 굵은 글씨만 암기하여 문제를 푼다.	나는 학습에 정리된 내용을 한번 읽고 노트에 중요한 내용을 정리한 뒤 암기하여 문제를 푼다.	나는 교재를 읽고 보조 자료를 활용하여 완벽하게 내용을 숙지한 후 정리한 뒤 암기하고 문제를 풀어 점검한다.	나는 과목의 특성이나 상황에 맞게 교재에서 참고서 노트 정리, 암기, 문제 풀이 등의 학습 흐름을 조정한다.
	이해 (C)	문장 이해력	나는 이해되지 않는 문장이 많지 않다가 중간에 포기한다.	나는 이해되지 않는 문장이 있으면 바로 건너뛰고 다음 문장으로 넘어간다.	나는 이해되지 않는 문장이 있으면 몇 번 다 읽어 보고 넘어간다.	나는 모르는 단어나 용어가 나오면 뜻을 찾아본 뒤 문장을 다시 한 번 읽어 본다.	나는 모르는 단어나 용어는 문맥 속에서 의미를 파악하여 뜻을 추론하고 해석한다.	나는 모르는 단어나 용어는 문맥 속에서 의미를 파악하여 뜻을 추론한 뒤 정확한 뜻을 확인한다.
		배경 지식	새로운 학습 내용을 배울 때 이전에 내가 배워 놓은 것이 없어 학습 진행이 어렵다.	새로운 학습 내용을 배우고 나면 이전에 배운 내용과 두서에 이미 알고 있던 것까지 헷갈린다.	새로운 학습 내용을 배울 때 이전에 배운 내용과 어떻게 연관되어 있는지 누군가의 도움이 있을 때만 알 수 있다.	새로운 학습 내용을 배울 때 이전에 배운 내용과 어떻게 연관되어 있는지 처음 수 있으나 다시 설명하면 정확히 알 수 있다.	새로운 학습 내용을 배울 때 이전에 배운 내용을 찾아보지 않고도 연관지어 설명할 수 있다.	새로운 학습 내용을 배울 때 이전에 배운 내용을 찾아보지 않고 내용이 머릿속에 연관지어 있으며 아직 배우지 않은 부분까지도 추측할 수 있다.
		수업 듣기	대부분의 수업 시간은 주로 졸거나 딴짓을 하느라 수업을 거의 듣지 않는다.	내가 좋아하는 몇몇 과목의 수업을 잘 듣는 편이나 나머지 과목 수업은 잘 듣지 않는다.	대체로 수업을 잘 들으려고 노력하지만 그때 그때 컨디션에 따라 수업을 듣지 않을 때가 있으며 이를 보충하지 않는다.	모든 수업을 잘 듣는 편이며 컨디션이 나빠 수업을 듣지 못한 경우에는 친구에게 필기를 빌려서 보충한다.	모든 수업 시간에 항상 집중하며 수업 중 중요한 사항은 꼼꼼히 필기한다.	모든 수업 시간에 항상 적극적으로 참여하며 수업 내용과 관련된 선생님의 농담까지 빠이 적을 정도로 집중한다.

대분류	중분류	소분류	Lv0	Lv1	Lv2	Lv3	Lv4	Lv5
CHAMP 사고 학습법 (H)	사고	공식, 법칙 사고력	공식과 법칙 유도도 이해가 안되기 때문에 건네뚜고 무조건 암기한다.	교재에 나와 있는 공식과 법칙의 유도 과정을 한 번 훑어본 후 결과만 암기한다.	교재에 나와 있는 공식과 법칙의 유도 과정을 쓰고 왜 그런지 고민하지만 잘 이해되지 않아 그 과정을 결국 암기한다.	교재에 나와 있는 공식과 법칙의 유도 과정을 통해 왜 그런지 이해하고 그 과정을 암기한다.	교재에 나와 있는 공식과 법칙의 유도 과정을 도출할 수 있고 왜 그런지 대략적으로 설명할 수 있다.	공식과 법칙의 유도를 직접 써서 증명할 수 있고 유도 과정이 왜 그런지 정확하게 설명할 수 있다.
		그래프, 실험 결과 사고력	그래프와 실험은 학습 분야가 아니라고 생각한다.	그래프와 실험은 무엇을 공부해야 할지 몰라 한 번 훑어보고 결과만 암기한다.	그래프와 실험에 대한 내용을 정리하려는 생각은 있지만 잘 이해되지 않아 결과나 주요 부분이 담긴 풀이를 암기해서 학습한다.	그래프와 실험의 도출 과정을 참고자료 보면서 이해했으며 그 결과만 대략적으로 설명할 수 있다.	그래프와 실험의 논리적 도출 과정을 이해하고 있으며 왜 그런지 대략적으로 설명할 수 있다.	그래프와 실험의 논리적 도출 과정을 이해하고 있으며 왜 그런지 정확하게 설명할 수 있다.
		지도, 도표 사고력	지도와 도표는 학습 분야가 아니라고 생각한다.	지도와 도표는 정리하고 있지만 학습 내용과서 그림 자체로 힘들어서 그림 자체로 암기한다.	지도와 도표를 최소 한 이상 그려서 정리하고 이해했으나 막상 지도와 도표를 제시했을 때 도표를 보고 설명하기 힘들다.	지도와 도표의 내용을 그려서 이해하고 있으며 이를 교재 설명을 참고하여 해석할 수 있다.	지도와 도표를 학습 내용과 연관지어 이해하고 있으며 백지도에 그릴 수 있다.	학습 내용을 이해하는 데 도움이 되는 지도와 도표를 그릴 수 있으며 이를 연관지어 설명할 수 있다.
		독해 사고력	영어 지문을 보면 아는 단어 몇 개는 보이지만 문장 전체가 무슨 뜻인지 파악하기 힘들다.	영어 지문에서 아는 단어를 바탕으로 문장의 의미를 추측할 수 있으나 완벽 의미는 다른 경우가 힘들다.	영어 읽기와 지독 자체가 무엇인지는 알고 있지만 자유롭게 활용하지 못하여 어려운 문장일 내 마음대로 해석하곤 한다.	영어 읽기와 지독 자체를 어느 정도 활용하고 있어 어려운 문장은 해설을 보면 어느 정도 해석할 수 있다.	영어 읽기와 지독 자체를 크게 어려움 없이 자유롭게 활용하며 웬만한 영어 지문의 흐름을 이야기할 수 있다.	영어 읽기와 지독 자체가 완벽하게 기능하며 지문의 해석은 물론 글의 전체 구조에 대한 정확한 설명을 할 수 있다.

대분류	중분류	소분류	공부 공식					
			Lv 0	Lv 1	Lv 2	Lv 3	Lv 4	Lv 5
	정리 (A)	노트 필기법	자습서에 중요 내용이 정리되어 있으므로 노트 필기는 굳이 번거롭게 하지 않는다.	노트 필기는 스스로 하기보다는 주로 정리되어 있는 프린트나 교재를 그대로 따라 적는다.	노트 필기를 하긴 하지만 요약해서 정리하지 못하며 무엇이 중요한 내용인지 노트에 잘 드러나지 않는다.	노트에 중요한 내용을 요약하여 정리하나 간혹 빼먹는 내용이 있어 나중에 책을 찾아보곤 한다.	노트에 학습 내용을 체계적으로 모아두어 정리해 둔 뒤 학습의 보조 자료로 활용한다.	노트에 학습 내용을 한눈에 알아볼 수 있는 구조로 정리되어 있어 노트만으로도 완전 학습이 가능하다.
		단어장 활용법	단어는 따로 공부하지 않는다.	단어장을 직접 만들기보다 사용이 있는 단어장을 사서 본다.	단어장에 모르는 단어의 뜻을 써놓고 한두 번 정도 암기한 뒤 확인하지 않는다.	단어장에 모르는 단어와 뜻을 써놓고 암기한 뒤 단어장을 매주 2회 이상 암기해 본다.	단어장에 모르는 단어와 뜻 및 파생어, 예문을 정리하여 암기한 뒤 주 1~2회 테스트한다.	단어장에 모르는 단어와 뜻, 파생어, 예문을 정리하여 암기한 뒤 매일 테스트하며 항상 휴대하여 수시로 확인한다.
		연습장 활용법	문제풀이는 교재나 시험지의 빈 공간에 바로 풀이하기 때문에 따로 연습장이 없다.	문제풀이를 할 때에는 아무 종이나 사용하고 그대로 버린다.	문제풀이를 할 때 사용하는 연습장이 있으나 쓰고 나서 다시 보지 않는다.	연습장을 사용하여 문제 풀이를 깨끗이 정리하며 나의 풀이와 한번 설명을 담아 오답과 한번 비교한다.	연습장은 항상 반으로 잡아 한쪽에는 나의 문제 풀이를 적고 다른 한쪽에는 단어(개념)이 부족한 점 등을 적어 공부한 뒤 비교한다.	연습장은 항상 반으로 잡아 한쪽에는 나의 문제 풀이를 적고 다른 한쪽에는 단어(개념)에서 부족한 점 보충하여 정리한 뒤 매우 확인한다.
		오답 정리법	틀린 문제는 채점하지 않거나 답만 체크하고 그냥 넘어간다.	틀린 문제는 답과 해설을 한 번 읽어 보고 넘어간다.	모든 틀린 문제를 과목별 노트에 문제와 교재의 해설을 보기 좋게 정리해 둔다.	모든 틀린 문제를 과목별 노트에 오답을 정리하며 문제와 해설을 공부한 후 다시 푼다.	실수로 틀린 문제를 제외하고 과목별 노트에 오답을 정리하며 틀린 문제의 해설, 관련 개념을 찾아 공부한 뒤 다시 푼다.	실수로 틀린 문제를 제외하고 틀린 문제의 핵심을 관련 개념 기본서 한 권에 다시 옮기고 개념 및 수시로 확인한다.
	암기 (M)	암기법	나는 저절로 외워지는 것 외에는 따로 암기하지 않는다.	나는 학습 내용을 보이는 대로 줄줄이 암기한다.	교재에 있는 굵은 글자만 무조건 암기한 후 넘어간다.	교재에 있는 굵은 글자만 무조건 암기한 뒤 관련 내용을 간단히 정리한다.	학습의 중요 내용을 찾아 암기하여 빠지지 않게 테스트를 한다.	학습의 중요 내용을 찾아 구조화한 뒤 적절한 암기 방법을 사용하여 암기하고 빠지지 않게 테스트를 한다.

대분류	중분류	소분류	공부 공식					
			Lv 0	Lv 1	Lv 2	Lv 3	Lv 4	Lv 5
문제 해결 (P)		문제집 활용	문제를 제대로 풀지 않으며 문제집에 답만 체크하고 그냥 넘어간다.	문제를 풀고 바로 채점하지 않는 경우가 많으며 채점할 경우 교재에 답만 고쳐 적는다.	문제를 풀고 채점하면서 틀린 문제는 정답지의 해설을 교재에 그대로 옮겨 적는다.	문제를 풀고 채점한 뒤 틀린 문제는 정답지의 해설과 비교하면서 다시 푼다.	문제를 풀고 채점한 뒤 틀린 문제는 다시 한 번 스스로 풀어 보고 나의 풀이와 해설을 비교한다.	틀린 문제에 틀린 횟수를 문제집에 표시하며 풀고 해당 내용을 힘듦은 뒤 정확히 맞을 때까지 반복해서 푼다.
		시험 기술	반드시 차례대로 문제를 풀며 모든 문제가 나오면 그냥 넘어가기 뒤 시간에는 전응 풀지.	모든 문제는 표에 두고 문제를 모두 푼 뒤 표시된 문제만 다시 풀어 보고 모르면 찍는다.	차례대로 문제를 풀며 모르는 문제는 체크한 뒤 다시 풀어 보고 문제에 내가 선택한 답이 보인서 시험지를 검토한다.	어려운 문제보다 쉬운 문제를 먼저 푼다. 어려운 문제는 나중에 실패보라 끝까지 고민하느라 검토할 시간이 부족하다.	핵심 공식 및 모르는 시험지를 방지하고자 쉬운 문제는 마지막에 풀고 어려운 문제는 시험지 검토 시간을 확보하여 문제를 한 번 더 푼다.	시험지를 풀어 쉬운 문제와 어려운 문제를 분리한 뒤 쉬운 문제는 먼저 검토하여 끝낸 뒤 남는 시간은 어려운 문제 해결에 집중한다.
평가 성찰		자기 반성	나는 학습 결과에 관심이 없고 이전 학습에 대해서는 잊어버린다.	나의 학습 결과가 좋지 않은 것은 학습 내용이 너무 어려웠기 때문이라고 생각한 뒤 잊어버린다.	나는 0번에는 실수가 많아서 결과가 나오지 않았다고 생각하며 다음에는 0번 실수를 하지 않겠다고 다짐한다.	나는 학습 결과를 보고 부족한 부분이 무엇인지 판단기 가능하나 이를 개선하기 위한 구체적인 방법은 생각하기 힘들다.	나는 학습의 과정과 결과를 분석하여 구체적인 개선 방법을 찾을 수 있지만 이를 꾸준히 실천하지 않아 발전이 늦다.	나의 학습 과정과 결과에 대해 잘못한 분석과 판단이 가능하며 이를 개선하기 위한 구체적인 방법을 개선 및 보완한다.
		전략 재수립	나는 따로 학습 전략을 세우거나 수정하지 않으며 그날그날 되는 대로 공부한다.	다른 사람이 세운 전략이 가장 효과적이라고 생각하여 그대로 따라 세운다.	전체 점수를 올리기 위해서 주로 점하는 과목이나 암기 과목을 중심으로 전략을 세운다.	상위권의 전략에 관심이 많으나 이를 나에게 맞추어 수정하지 않고 그대로 따라 세운다.	나의 전략이 문제점이 무엇인지 판단한 뒤 이를 나의 전략에 반영하지만 확신이 없어서 오래 지속하지 않는다.	나의 전략의 문제점을 파악한 뒤 자기반성을 토대로 과목별 학습 전략과 구체적인 학습 습관을 재수립한다.

차 례

프롤로그 ······ 4

공부 공식 진단표 ······ 6

01부 학습 시간

1. 진짜 자기주도학습과 공부 공식 ······ 18

2. 나 스스로 공부한 시간 ······ 23

3. 공부 시간을 늘리는 다섯 가지 원칙 ······ 31

4. 공부는 나를 절제하는 것에서부터 시작된다 ······ 37

5. 공부에 집중하는 환경 만들기 ······ 42

6. 집요하게 공부하면 불가능은 없다 ······ 50

7. 3회독에 질문까지 하면 안 될 공부가 없다 ······ 53

8. 집중력만이 살길이다 ······ 60

9. 집중하는 데도 방법이 있다 ······ 64

02부 학습 전략

1. 나 자신을 진단할 수 있으면 공부가 쉬워진다 ······ 72

2. 시험과 성적 그리고 나만의 공부 스타일 ······ 75

3. 나에게 맞는 교재와 강의는 내가 선택한다 ······ 80

4. 나에게 맞는 교재와 강의 선택법 ······ 82

5. 계획을 짜야 공부가 시작된다 ······ 88

6. 공부 계획 스터디플래너 쓰는 법 91

7. 중장기 계획이 있어야 공부에 균형을 잡는다 103

8. 중장기 계획 세우는 방법 105

03부 | 학습 방법

1장 _ 개괄

1. 공부의 정석 CHAMP 학습법 116

2. CHAMP 학습법의 구체적 방법론 121

3. 성향에 따른 CHAMP 학습법의 차이 127

2장 _ 이해

1. 문장을 이해하면 공부가 쉬워진다 136

2. 어휘력과 문장 이해력 높이는 방법 140

3. 보이지 않는 배경지식의 힘 144

4. 배경지식을 쌓는 방법 148

5. 공부의 핵심, 수업 듣기 153

6. 수업 잘 듣는 비법 159

3장 _ 사고

1. 공식과 법칙의 비밀 166

2. 공식과 법칙을 정복하기 위해 지켜야 할 원칙들 170

3. 그래프와 실험의 중요성 174

4. 그래프와 실험을 공부하는 방법 176

5. 지도와 도표의 중요성 180

6. 지도나 도표를 공부하는 방법 182

7. 끊어 읽기와 직독 직해의 중요성 185

8. 끊어 읽기와 직독 직해의 구체적 방법 187

4장 _ 정리

1. 노트 필기하라는 데는 이유가 있다 194

2. 노트 필기 실전 비법 197

3. 단어장, 왜 만들어야 하나 207

4. 단어장 활용과 단어 암기 비법 209

5. 연습장만 잘 써도 공부가 된다 213

6. 연습장을 활용한 공부의 출력 연습 216

7. 오답 정리를 해 봐야 하는 이유 221

8. 오답을 정리하는 과목별 전략 224

5장 _ 암기 & 문제 해결

1. 암기에 대한 오해와 필요성 ······ 232

2. 암기의 효율을 높이는 비법 ······ 235

3. 문제집 활용은 양보다 질 ······ 239

4. 문제집 완벽 활용법 ······ 242

5. 시험은 기술이다 ······ 247

6. 10점 더 받을 수 있는 시험 공략법 ······ 253

04부 학습 평가

1. 공부에서 자기반성이 필요한 이유 ······ 270

2. 시험 후 나를 돌아보는 방법 ······ 274

3. 시험 직후 학습·생활 관리 ······ 280

4. 전략 재수립이 필요한 이유 ······ 284

5. 전략 재수립하는 구체적 방법 ······ 286

Study

1부
학습 시간

주도권이 학생에게 있고 자기 스스로를 평가할 수 있는 상태라야 진짜 자기주도학습이다. 그리고 이것을 이루는 데는 가급적 멘토 역할을 할 수 있는 사람이 시작을 촉발시킬 수 있다. 멘토의 역할은 학습시간, 학습 전략, 학습 방법, 자기 평가의 힌트를 제시하고 학생이 주도권을 가지고 할 수 있도록 코칭해 주는 것이다.

진짜 자기주도학습과
공부 공식

　자기주도학습을 대학 교재에서 정의하는 식으로 학문적인 접근을 하자면 한도 끝도 없겠으나 온전히 학부모나 학생들의 눈높이에 맞춰 얘기하자면 다음과 같다. 시키지 않아도 공부하는 것은 기본이요, 교재나 강의를 선택하고 계획을 수립하고 공부하는 과정에서 똑똑하게 질문하고 공부한 다음 자기 스스로 아는지 모르는지를 점검하는 주도권이 학생에게 있다면 그것이 바로 자기주도학습이다. 보통은 시키지 않아도 스스로 공부하기만 하면 자기주도학습이라고 오해하는데 절대 그렇지 않다. 공부의 주도권이 여전히 엄마에게 있어서 엄마가 다 정해 주고 챙겨 줘야 하는 경우라면 '엄마주도학습'이라고 보면 된다. 학원에서 내주는 숙제만 하고 학원을 다니지 않으면 성적이 안 나온다고 믿고 학원 진도에만 맞춰서 공부한다면 당연한 얘기지만 학원주도학습이다.

　이처럼 진짜 자기주도학습은 스스로 공부하느냐의 여부보다 공부의 주도권이 어디에 있는가가 가장 중요한 판단 기준이다. 그런데 여기서 공부의 주도권을 어떻게 파악할까? 공부 공식은 학습 시간,

학습 전략, 학습 방법, 학습 평가의 네 가지 요소로 구성되어 있는데 이러한 시간, 전략, 방법, 평가를 결정하고 책임지는 주도권이 자신에게 있는지 없는지에 따라 구분된다. 문제는 그렇다면 이런 주도권은 언제부터 넘겨줘야 하고 현재 주도권이 여전히 부모나 학원에게 있다면 이것을 어떻게 개선하느냐일 것이다. 우선 시기적으로는 초등 4학년부터 준비하고 5, 6학년 때 본격적으로 주도권 이양이 시작되어야 한다. 이 시기부터 공부가 본궤도에 오르며 내용을 구조화하고 적용하는 훈련이 시작되기 때문이다. 따라서 초등 4학년 때 부모는 자녀와 함께 공부에 관련된 여러 가지 사항들을 의논하고 결정하는 방식을 도입하기 시작해야 한다. 초등 5, 6학년부터는 많은 부분을 넘겨주되 자녀의 결정에 피드백을 줌으로써 스스로 판단할 수 있는 기틀을 마련해 줘야 한다.

*공부 공식

성적 = 학습 시간 × 학습 전략 × 학습 방법 × 학습 평가

이와 같은 방식으로 공부를 시작한다면 중학교 때부터 전적으로 자녀의 판단이 중심이 되고 부모는 큰 실수만 막아 주는 진짜 자기주도학습이 가능하다. 그러나 이미 중·고등학생이 되었는데도 여전히 부모에 혹은 학원에 의존적인 학습을 하고 있다면 어떻게 개선해야 할까? 이때 필요한 것이 바로 멘토라고 할 수 있다. 여기서 멘토는 꼭 어떤 학과 내용을 가르쳐 줘야 한다기보다 학생이 주도권을 가지고 스스로 판단하고 결정하고 실행하는 과정에서의 두려움이나 미숙함을 보완해 주고 방향을 제시하여 훈련하도록 돕는 존재 정도로 생각하면 된다. 공부에 있어서 학습 시간이나 전략, 방법과 평가 등을 스스로 해낼 수 있는 시작점을 알려 주고 이어 나가도록 후원하고 이끌어 주는 것이 멘토의 중요한 역할이다. 주변의 선생님이나 강사 혹은 친척 어른, 선배 등이 그 중요한 역할의 가능성을 가진 존재다. 만에 하나 부재 시 학습 매니저의 도움을 받는 것도 고려해 볼 수 있다. 자기주도학습이 마음처럼 쉽게 시작됐다면 더할 나위 없이 좋겠지만 그렇지 못했다면 모범적인 가이드라인 역할을 해 줄 멘토로서 학습 매니지먼트 서비스도 효과적이다.

주도권 다음으로 자기주도학습을 가려내는 데 가장 중요한 요소는 자기 평가 능력이다. 일명 메타 인지 능력이라고도 부르는 이 능력은 공부뿐만 아니라 인생의 다양한 분야에서 큰 힘으로 작용하며 인지를 인지하는 것, 즉 초인지라 부른다. 공부를 잘한다는 의미는 내가 공부한 내용을 아는지 모르는지를 정확히 인식하는 데서 출발한다. 공부를 아무리 많이 해도 내가 제대로 공부하지 못했거나 알지 못한 것을 인지하지 못하고 넘어가면 시간이 많이 걸리고 성적은 나오지 않는다. 난 열심히 했는데 세상이 날 인정해 주지 않는다고 생각하기 쉽지만 사실 열심히만 했지 똑바로 공부하지 못한 셈이다. 누구나 열심히 하지만 결과가 저마다 다른 데는 이런 이유가 있다. 자기주도학습의 마무리는 역시 이 자기 평가 능력의 연마에 있다. 다만 학생들은 스스로를 평가하는 데 서툴다. 늘 다른 사람의 평가만 받아 왔기 때문이다. 자기를 평가하려면 굳센 마음을 먹고 내가 공부해서 입력한 내용을 출력해 보는 연습을 해야 한다. 계획표상 공부한 범위에서 내가 생각해 낼 수 있는 내용을 적어 본다. 공식을 유도하거나, 단어를 머릿속에서 끄집어내 적어 보거나, 자주 틀리는 문제의 내용을 써 보거나, 어휘의 의미를 직접 적어 보거나, 과학 그래프를 그리면서 설명해 봐야 한다. 그랬을 때 얼마나 정확히 자신 있게 할 수 있느냐가 그날 공부의 완성도를 나타내며 이 과정 전체를 통해 자기 평가 능력을 기를 수 있다. 다만 이 절차가 버겁거나 엄두가 나지 않는다면 주변 멘토의 질문 혹은 학습 매니저의 유도 과정을 이용해서 시작하면 보다 수월하다. 스스로 아는지 모르는지를 알면 당연히 이를 보완하거나 반복할 전략을 세우고 다시 스스로 공부하게 되어 있다. 이것이 자기주도학습이 아니고 무엇이겠는가.

요컨대 진정한 자기주도학습이란 방에 들어앉아서 뭘 하는지도 모르면서 안 시켜도 낑낑대고 공부하는 것이 아니다. 주도권이 학생에게 있고 그 학생이 자기 스스로를 평가할 수 있는 상태라야 진짜 자기주도학습이다. 그리고 가급적이면 멘토 역할을 할 수 있는 사람이 자기주도학습의 시작을 촉발시켜 주는 것이 좋다. 멘토의 역할은 학습 시간, 학습 전략, 학습 방법, 자기 평가의 힌트를 제시하고 학생이 주도권을 가지고 공부할 수 있도록 코칭해 주는 것이다. 그러고 나면 어떤 학생이라도 원하는 성적을 이루는 데 어려움이 없을 것이다.

02

나 스스로
공부한 시간

공부를 잘하기 위해서는 공부에 투자하는 시간이 많이 필요하다는 이야기는 진부하지만 사실이고 가장 효율적이다. 하다못해 컴퓨터 게임 하나 잘하려고 해도 손가락이 부르트도록 마우스질과 키보드질을 해야 하는 판에 공부할 때 쥐꼬리만큼 애썼는데 잘되면 그게 더 이상한 게 세상의 이치다. (물론 살짝 그렇게 보이는 이상한 인간들도 있다. 아이큐 168 이상의 완전 천재형들! 다행히 내 인생에 그 양반들과 다시 조우할 가능성은 0으로 수렴하니까 참으로 안심이다.)

하지만 주변을 둘러보면 세상엔 노력은 최소한으로 들이면서 돈을 많이 벌어 부자가 되고 싶어 하는 사람들로 넘쳐 난다. 운동을 하지 않고 살을 빼고 싶어서 몸에 손을 대는 사람들로 넘쳐 난다. 건강하고자 하면서 담배와 술을 즐기는 사람들까지…… 다들 고약한 심보를 가졌다 하겠다. 주변이 그 모양이라고 해서 나까지 공부는 눈곱만큼 하고 성적은 폭풍 상승하길 바란다면 심보 고약한 놈 축에 셀프 동참하는 거밖에 별다른 소득은 없다.

공부에 투자하는 시간이라고 하니 무슨 하루 16시간씩 앉아서 공부했다거나 하는 그리스 로마 신화에서나 들어 볼 법한 영웅담을 말하고 싶지는 않다. 그건 길어야 6개월, 1년이고 고3 수능 끝날 때까지 그렇게 한다면 아마 장한 청소년상을 받아 마땅할 것이다. 물론 그 전에 구급차에 실려 병원에 가지 않을 것을 전제 조건으로 한다. 공부 말고도 필요한 청소년기의 발전적 자아 형성은 대체 언제 할 참인가!

우리는 그러한 말도 안되는 전설의 고향 같은 얘기를 하는 것이 아니다. 적어도 중·고등학생이라면 하루에 3~4시간 정도는 스스로 공부하는 것이 마땅하고 그래야 필요한 분량을 채울 여지가 생긴다는 말이다. 또한 3~4시간을 공부해도 막상 집중이 되어 실제 공부 효과로 이어지는 분량은 또 줄어들 테니 기본 투여량 자체가 3~4시간도 안된다면 나는 왕천재라서 공부할 필요가 없다는 것을 증명하려고 하거나 공부 안 하고 잘하는 기적을 보여 주려고 노력하는 마술사에 불과하다.

자, 그럼 공부 시간을 투자하기로 마음먹었다 치고 얘기를 전개해 보자. 공부 투자 시간은 크게 두 가지로 나뉜다. 양적 학습 시간과 질적 학습 시간이다. 말 자체가 머리에 쥐가 난다. 쉽게 말하면 이런 거다. 밥을 먹는데 입을 통해 집어넣은 밥의 양이 양적 학습 시간이고 집어넣은 밥 중에 소화를 시켜서 흡수한 게 질적 학습 시간이다. 흡수를 못하고 몸 밖으로 배출된 대변은 사실상 안 먹은 거나 마찬가지란 말이다. 이 세상 그 누구도 밥을 안 먹고 영양분을 흡수할 수는 없다. 또한 먹은 밥의 일부는 필연적으로 대변으로 배출되기 때문에 흡수해야 할 필요량보다 더 먹을 수밖에 없다. 공부도 마찬가지다. 공부할 내용을 흡수하는 데 1~2시간 공부면 충분할 수 있지만 그렇다고 정말 1~2시간만 공부하면 집중 못해서 잃어버리는 시간만큼 부족분이 발생한다. 그러니 어쩌겠는가. 3~4시간 공부할 수밖에.

그럼 지금부터 양적 학습 시간에 관한 상위 0.1%의 공부 비밀에 대해 알아보자. 흔히 공부에 완전 도가 튼 사람, 공부의 신이라고 불리는 사람들에 대한 이야기를 해 보자. 강성태, 박철범, 장승수가 그 주인공이다. 강성태는 MBC '공부의 제왕' 메인 MC이며 학생들에게 공신 혹은 공부의 신으로 알려진 인물이다. 2001년도 수능 전국 상위 0.01%에 속했으며 서울대 기계항공공학부를 졸업하고 서울대 교육학과 교육공학대학원 진학을 준비 중이라고 한다. 박철범은 〈하루라도 공부만 할 수 있다면〉의 저자이며 서울대 조선해양공학과에 합격했으나 꿈을 찾아 현재는 고려대학교 법학과에 재학 중이다. 그는 경제적 어려움과 가정 불화로 여동생과 함께 외할머니 손에서 자랐다. 고등학교 1학년 때부터 학습을 시작하여 6개월 만에 전교 1등을 도맡아 하였다. 〈공부가 가장 쉬웠어요〉의 저자 장승수는 막노동꾼 출신으로 5년간 입시 공부 끝에 서울대를 수석으로 입학하고 서울대학교 법과대학을 졸업하여 2003년 사법 시험에 합격한 다음 현 법무법인 로투스를 창업한 입지전적인 인물이다.

이런 얘기를 들으면 알레르기 반응을 일으키며 항일 투사급으로 저항 정신이 투철해지는 사춘기 청소년들이 많은 줄로 안다. 나랑은

인종이 다른 사람이라거나 공부가 인생의 전부냐 행복이 성적순이냐 뭐 그런 80년대식 레퍼토리를 늘어놓고 싶은 욕망이 꿈틀댄다면 그렇게 해도 좋다. 나보다 잘난 사람에 대한 시기와 질투를 그 사람에 대한 귀여운 부정으로 자기를 위안하고 동정하고자 한다면 그건 여러분 자유다. 뭐 자유의 대가는 허망함 뿐이랄까. 허망함이 목표가 아니라면 '나라고 못할쏘냐' 하는 자극과 동기를 가졌으면 싶다. 그러는 게 자신이나 주변 사람에게 더 생산적일 테니까.

그렇다면 이들은 왜 공부를 잘했을까? 머리를 타고 나서? 사교육을 많이 받아서? 특별한 공부 비법이 있어서? 운이 좋아서? 모두 아니다. 그럼 도대체 공부를 잘할 수 있었던 이유는 무엇일까? 여기서 우리가 주목해야 할 부분은 그들이 공통적으로 말하는 공부 잘하는 비결은 자가 학습 시간이라고 한 부분이다. "너무 뻔한 거 아냐?" 하고 실망하는 사람도 있을 것이다.

보통 학생과 상위 0.1% 학생의 학습 시간을 비교한 그래프를 굳이 확인하지 않더라도 상위 학생들이 학습 시간을 더 많이 쏟아부었을 것임은 상식적으로 예측이 가능하다. 보통 학생의 경우 2시간 미만 공부하는 학생이 53%, 2시간 공부하는 학생이 20%에 달하는 반면, 상위 0.1% 학생들은 2시간 공부하는 학생은 12%에 불과하다. 2시간 미만 공부하는 학생은 아예 없다. 상대적으로 보통 학생의 경우 3시간, 4시간, 5시간 공부하는 학생은 12%, 5%, 10%에 불과한 반면, 상위 0.1% 학생은 23%, 32%, 33%에 달하고 있다.

물론 선진국의 경우 공부를 어려워하는 학생들이 더 많은 시간을 공부하고 잘하는 학생들은 필요한 분량만 해도 성적이 잘 나온다고 한다. 그러나 우리 자랑스러운 대한민국은 양으로 승부하는 나라가 아니던가. 식당에 가도 양으로 승부, 직장에 다니는 아버지도 주당 노동 시간 세계 1등으로 승부해서 이 나라를 일구고 있다. 우리 학생들도 예외일 수 없다. 주당 공부 시간으로 PISA(국제 학업 성취도 평가) 테스트에서 당당하게 세계 1등을 했다. 물론 공부에 대한 흥미도는 꼴등이다. 아쉽지만 어쩌랴. 대한민국 학생들은 세계에서 가장 재미없는 공부를 세계에서 가장 오래해서 세계 1등을 하고 있다. 이런 현상의 원인은 무엇일까? 우리 청소년들은 혼날까 봐 공부하고 있기 때문에 바로 이런 결과가 나오는 거다. 우리도 선진국처럼 멋지게 살고 싶다면 뒤에서 나올 질적 학습 시간에 대해서도 고민해 봐야 할 노릇이다.

그렇다면 '자가 학습 시간'이 언제라고 생각하고 있는가? 학교 수업 시간? 학원이나 과외, 인터넷으로 공부하는 시간? 학교나 학원의 숙제하는 시간? 그게 무슨 자가 학습 시간인가. 그건 타율적 수강 시간이라고 부르는 거다. 그럼 자가 학습 시간이란 언제를 말하는 것일까? '자기 스스로 책상에 앉아서 자기 공부하는 시간'이라 할 수 있다. 즉, 나 홀로 내가 선정한 책으로 내가 세운 계획에 따라 스스로 공부하는 시간이 바로 '자가 학습 시간'이다. 자가 학습 시간이 많지 않아도 공부를 잘할 수 있을 거라 믿고 학원 강의만 왕창 수강하고 있다면 지금부터 하는 얘기를 잘 들어 보도록 하자.

우선, 한 가지 예를 들어 보자. 두 명의 농부가 있는데 한 명은 씨

앗 100개를 뿌렸고 다른 한 명은 씨앗 10,000개를 뿌렸다고 하자. 상식적으로 누가 더 많은 수확을 거두어들일까? 당연히 적게 뿌린 자는 적게, 많이 뿌린 자는 많이 거두어들일 것이다. '뿌린 만큼 거둔다'라는 말이 괜히 있는 게 아니다. 공부도 마찬가지다. 충분한 학습 시간이 쌓여야 성과가 생기는 것은 진리다. 공부의 신 강성태는 이런 말을 했다.

"공부는 가장 정직한 거래의 결과다."

즉, 공부는 투자한 만큼 수익을 얻는 거래라는 뜻이다. 우리가 좋은 성적이라는 결과를 얻고자 한다면 자가 학습 시간이라는 투자를 늘리면 된다. 충분한 학습 시간이 쌓이면 성과는 반드시 생기기 마련이다.

학생들이 공부를 할 때 보통 다음과 같은 패턴을 보인다. 학교에서 듣고 학원에서 듣고 인터넷 강의에서 듣고 교육 방송에서 또 듣고…… 이렇게 많은 양의 공부를 했다고 한다. 정말 용감한 건지 무식한 건지 대단하다는 생각밖에 들지 않는다. 많이 들으면 공부를 많이 한 것일까?

에빙하우스(에빙하우스는 19세기 독일의 심리학자로서 실험 심리학의 선구자로 불린다. 그는 망각, 기억에 대한 연구를 통하여 망각 곡선을 나타내고 발표하였다. 그의 연구에 따르면 학습 후 10분 후부터 망각이 시작되어 1시간 뒤에는 50%, 하루 뒤에는 70%, 1달 뒤에는 80%를 망각하게 된다고 한다.)의 망각 곡선 이론에 따르면 수업을 듣고 10분이 지나면 망각을 시작하게 된다. 그렇다면 망각으로부터 기억을 지켜 내기 위한 가장 효과적인 방법은 무엇이 있을까? 그렇다. 바로 복습을 하는 것이다. 듣고 정리하는 자가 학습 시간을 가졌을 때의 곡선처럼 여러 번 반복 학습을 통해 잊어버리는 것을 막을 수 있다.

학원을 많이 다닐수록 과외를 많이 할수록 지금 당장은 많은 시간을 공부하고 있다고 여길 수 있다. 하지만 학습 내용을 내 것으로 만드는 자가 학습 시간이 부족하면 공부한 것을 내 것으로 만들었다고 할 수 없다. 학습(學習)이라는 말은 지식을 이해하는 학(學), 즉 수업과 내 것으로 만들어 소유하는 습(習)으로 이루어져 있다. 선생님이 아무리 실감나게 설명해 줬다 할지라도 그것은 아직 내 것이 아니다. 몇 번을 다시 곱씹으면서 나만의 논리 구조에 가져다 끼워넣어야 하고 최종적으로는 내가 진정으로 지식을 '소유'해야 한다. 그것이 바로 완전한 자기 공부이며 학습이라 할 수 있다. 학과 습의 비율은 1:3 정도가 적당하다. 1시간 수업을 들었다면 그 내용을 3시간 복습해야 완전한 자기 공부가 되는 것이다. 이것은 운동에도 적용된다. 박지성 선수가 축구를 잘하는 이유가 코치의 조언을 많이 들어서 그런 걸까? 코치의 조언도 중요하지만 평상시 훈련을 열심히 해야 경기 중에 골을 넣을 수 있듯이 배운 것을 부지런히 익히면 안 될 것이 없다.

자가 학습 시간을 가지면 좋은 점이 또 있다. 바로 자신에게 맞는 학습법을 찾을 수 있다는 점이다. 박철범의 〈하루라도 공부만 할 수 있다면〉 중에 다음 일화가 나온다.

"야, 이창진! 어떻게 하면 공부 잘하나?"

창진이가 잠시 생각하더니 차분한 어조로 말했다.

"음…… 너는 방법을 몰라서 공부를 못한 게 아니라 단지 공부를 안 하고 있는 거잖아! 너 말이야. 제대로 끝까지 다 푼 문제집이 한 권이라도 있어?"

"아니, 없어."

"거 봐. 공부를 하지도 않았으면서 무슨 방법을 묻고 그래? 아무 문제집이나 한 권이라도 제대로 끝까지 풀어 봐. 그러면 공부 방법을 저절로 알게 돼. 그때도 모르겠으면 다시 나한테 와."

여러분은 혹시 저 당시의 박철범처럼 실천은 하지 않고 요령만 찾은 적은 없는가? 아무리 좋은 학습법이라도 실천해 보기 전에는 효과가 있는지 없는지 알 수 없다. 가장 좋은 학습법은 스스로가 고민하고 실천해서 검증한 자신만의 학습법이다. 내게 주어진 24시간 중 자가 학습 시간은 얼마나 될까? 지금까지의 내용으로 자신을 한번 돌아보자. 멀리도 말고 바로 어제의 일을 잠깐 떠올려 보도록 하자. 학교 수업 시간 빼고 학원 수업 시간 빼고 인강 듣는 시간 빼고 과외 시간 빼고 노는 시간 빼고 자는 시간 빼고 먹는 시간 빼고…… 내가 스스로 공부하는 시간은 얼마나 되는지를 말이다.

공부 시간을 늘리는
다섯 가지 원칙

❶ 내게 주어진 시간을 파악해라

만약 내 통장에 매일 86,400원이 입금되고 하루에 그 돈을 다 사용하지 않으면 없어진다고 할 때 여러분은 그 돈을 어떻게 사용할 것인가? 86,400원은 하루 24시간을 초로 환산한 수치, 즉 86,400초를 말한다. 우리가 매일 무심코 흘려보내는 시간을 돈의 개념으로 환산했을 때 이와 같이 바꾸어 볼 수 있다. 시간은 곧 금이라는 말이 있다. 그럼 그 소중한 시간 중 내가 공부에 투자해야 하는 시간은 얼마나 될까?

일반적으로 초등학생의 경우 하루 1시간 30분~2시간 정도를 공부해야 한다. 중학생이라면 하루 3시간 이상, 고등학생은 4~5시간을 투자해야 한다. 이 시간은 평소 학기 중에 공부하는 시간을 말하는 것이고 방학 기간의 학습 시간은 평소 학습 시간에 곱하기 2를 하면 된다. 그 이상의 성취를 원하거나 소위 SKY를 목표로 하는 학생이라면 방학 기간의 학습 시간은 평소 학습 시간 곱하기 3 정도를 해야 가능하다고 생각하면 된다. 아마 이 얘기를 읽은 순간 정신이 멍해지고 그게 가능하기나 한 시간이냐는 생각이 든다면 지금부터 그 생각을 완전히 개조해야 한다.

그럼 지금부터 내게 주어진 학습 시간을 파악해 보도록 하자. 우선, 나는 하루 시간을 어떻게 사용하고 있는지 알아보자. 화장실은 몇 시에 갔는지? 밥은 몇 시에 먹었는지? 공부는 몇 시에 얼마나 했는지? 나의 행동반경을 분 단위로 변환하여 정확히 기록하도록 한다. 예를 들어 하루 24시간을 분 단위로 바꾸면 1,440분이 되고 그중에서 잠자는 시간 420분(7시간) 빼고 세수 시간 10분 빼고 아침 식사 시간 15분 빼고 교복 입고 등교하는 시간 35분 빼고 수업 준비 시간 20분 빼고 수업 시간…… 이런 식으로 1,440분에서 차례로 빼 나가며 나에게 남는 시간을 파악한다. 그렇게 시간 기록을 마쳤다면 나의 자가 학습 시간을 파악해 본다. 자가 학습 시간은 얼마나 되나? 시간 기록에서 자가 학습 시간을 줄어들게 만드는 시간들에 빨간 줄을 치고 그 시간은 얼마나 되는지 계산해 보자. 그렇게 자가 학습 시간과 지운 시간을 합한 것이 확보할 수 있는 학습 시간이다. 시기별, 학년별 시간과 비교했을 때 어떤가? 내 학습 시간으로 충분한가? 학습 시간이 충분한 학생 비율은 높지 않을 거다. 이 책을 읽는 여러분만큼은 충분한 학생이 되어 보자.

❷ 시간의 마법사가 되어라

세상에서 가장 공평한 것은 누구에게나 똑같이 주어지는 하루 '24시간'이다. 제아무리 잘난 현빈이나 조금 아쉬운 외모의 박휘순이라도 하루가 24시간이라는 점은 공평하다. 누구에게나 공평한 24시간을 가지고 더 많은 자가 학습 시간을 활용하는 방법에 대해 알아보자. 이 방법을 잘 실천하면 우리는 가히 시간의 마법사라 불리게 될 것이다. 사실 시간의 마법사가 되는 법은 간단하다. 주어진 시간을 최대한 활용하고 활용 가능 시간을 늘리는 것이다. 그럼 그것을 어떻게 실천해야 할까? 다음 몇 가지 원칙을 꼭 지키도록 하자.

원칙 1. 요지부동! 공부하기로 한 시간을 꼭 지켜라

공부를 열심히 하고 싶지만 막상 공부하려고 책상에 앉으면 화장실에 다녀와야 집중이 잘될 것 같고 방이 너무 건조하게 느껴져 물도 마시고 싶고 평소엔 관심 없던 다큐멘터리 TV 프로그램도 굉장히 흥미진진해 보이고 부모님이 읽어 보라고 사 주신 책이 갑자기 떠오르고 하던 경험이 누구나 한 번쯤은 있을 것이다. 그러나 공부하기로 약속한 시간만큼은 무슨 일이 있더라도 책상 앞에 앉아 있도록 하자. 아무리 목이 마르고 배가 고파도 책상 앞을 떠나지 않는다는 원칙을 세우고 말이다.

원칙 2. 공부 시간과 휴식 시간을 구분해라

그렇게 책상 앞을 떠나지 않는다는 원칙을 세웠더라도 사람인 이상 꼼짝 않고 책상 앞에만 앉아 있는 건 힘들 수 있다. 그럴 때는 공부 시간과 휴식 시간을 정하도록 하자. 공부 시간에는 공부만, 휴식 시간에는 휴식만 취하도록 공부 시간과 휴식 시간을 확실하게 구분하는 것이다. '50분 공부, 10분 휴식' 이렇게 말이다. 여기서 주의할 점은 휴식 시간은 말 그대로 휴식 시간이지 노는 시간이 아니라는 점이다. 화장실을 간다든지, 물을 마신다든지, 간식을 먹는다든지 등 휴식 시간 다음에 진행할 공부에 방해가 되지 않을 만큼만 쉬고 휴식 시간이 끝나면 곧장 공부를 다시 진행하도록 한다.

원칙 3. 공부하지 않는 시간을 최소화해라

자가 학습 시간을 늘리기 위해 가장 많이 줄여야 할 시간은 무엇이 있을까? 과다한 학원 시간이나 노는 시간, 자는 시간 등이 있을 것이다. 학원 시간은 수동적으로 수업을 듣는 것일 뿐이므로 공부한 내용을 자신의 것으로 만드는 시간이 필요하다. 자기만의 시간을 가져서 학원이나 과외를 통해 배웠던 내용을 점검하고 다시 한 번 고민하여 소화하는 과정을 거치지 않으면 절대 실력이 늘지 않음을 분명히 알도록 하고 학원이 오히려 방해가 되지 않는지 점검해 볼 필요가 있다.

잠자는 시간을 최소화한다는 건 잠을 안 자는 것이 아니라 규칙적으로 적당한 양만큼 자는 것이다. 오늘 자서 내일 일어나는 것이 가장 좋은데 보통 밤 10~12시에 자서 아침 5~7시에 일어나는 것이 이상적이다. 지금 당장은 공부하지 않는 시간을 포기하는 것이 너무나 힘들지만 자가 학습 시간을 늘리기 위해서는 꼭 해야 하는 선택이다.

원칙 4. 자투리 시간을 활용해라

자투리란 말은 원래 팔다 남은 옷감 조각이나 옷을 자르고 난 천 조각을 말한다. 같은 맥락에서 자투리 시간이란 어떤 일을 하기에는 너무 짧고 버리기엔 아까운 시간의 조각을 말한다. 예를 들어 식사 시간 20분씩 세 끼면 1시간, 화장실 가는 시간 10분, 세수하는 시간 하루 두 차례 10분, 등·하교 시간 1시간, 수업 시작 전 선생님 기다리는 시간 2분씩 7교시면 14분, 종례를 기다리는 시간 5분 등 찾아보면 이루 말할 수 없을 만큼 많은 자투리 시간이 있다는 것을 알 수 있다.

또 다른 예로 우리가 무심코 흘려보내는 쉬는 시간을 생각해 보자. 하루 7교시라면 중간에 10분 쉬는 시간이 6번, 총 60분이다. 그 쉬는 시간이 1년이면 17.2일이 된다. 얼핏 보기엔 별것 아닌 시간도 합치면 이렇게 엄청난 시간이 된다. 그 시간을 영어 듣기나 영어 단어 암기, 신문 칼럼 읽기 등에 쓴다면 많은 시간을 절약할 수 있다. 또 종례를 기다리는 시간은 시끄러워 집중하기 힘든 시간이기 때문에 수학 문제 풀이를 한다면 좋은 자투리 시간 활용법이 될 수 있다. 자투리 시간을 잘 활용하기 위해서는 내게 주어진 자투리 시간을 파악하고 그 시간의 특징에 맞는 학습 자료를 준비하여 학습하면 된다.

원칙 5. 주말 시간을 활용해라

남들이 노는 주말 시간을 보내는 유형은 크게 두 가지로 나뉜다.

남들처럼 나도 대책 없이 놀아 버리는 타입과 주말을 공부하는 시간으로 활용하는 타입이 그것이다. 전자의 경우는 주중에 쌓인 스트레스를 해소할 수 있다는 장점이 있는 반면, 공부 습관이 흐트러진다거나 주중 공부를 정리할 시간이 없다는 단점이 있다. 그러다 보면 어느새 돌아오는 월요일을 걱정하느라 오히려 스트레스가 증가할 수 있다. 후자의 경우는 평소 공부 습관을 유지할 수 있으며 부족한 공부를 정리하고 자가 학습 시간이 증가한다는 장점이 있다. 주말에 공부하느라 쉬지 못한다고 생각할 수 있지만 사실 따지고 보면 내 공부를 하고서도 쉴 시간은 충분히 있다. 다만, 남들이 노는 시간이기에 시간은 많지만 공부에 집중하기 힘든 것은 사실이다. 그래서 주말에는 평소 공부하는 양보다 적게 하되 부족하거나 취약한 부분을 집중 공략의 목적으로 활용하는 것이 효과적이라 하겠다. 또 평소에 읽기 힘들었던 신문을 몰아서 본다거나 논술 모범 답안 베껴쓰는 시간 등으로 활용한다면 좋을 것이다. 주중에 밀려서 해결하지 못한 공부를 하는 것도 한 가지 방법이긴 하지만 '주말에 하면 되지'라는 안일한 생각을 할 수 있기 때문에 좋은 습관은 아니라 하겠다.

04

공부는 나를 절제하는 것에서부터 시작된다

한 학생이 있다. 초등학교 때부터 만화와 게임에 매진하였고 스타크래프트 마니아였다. 스타크래프트와 같은 전략 시뮬레이션 게임의 일종인 임진록2의 전국 랭킹 1위였으며(2700승 300패) 테리시스 배 임진록2 대회 우승 경력이 있다. 중1~고2 매일 새벽까지 게임 삼매경에 빠져 있었다. 본인 스스로 "집에 오면 밥 먹는 시간을 제외하고는 하루 종일 게임만 했다."라고 할 정도였다. 새벽까지 게임을 하고 학교에서 하도 졸아 중3 담임 선생님이 '김PC'라고 별명을 지어 주었다고 한다. 그의 아버지조차 명절 때마다 "우리 큰아들은 가까운 전문대 갈 건데 뭐."라고 했다. 성적은 점점 떨어지고 모의고사 결과는 말 그대로 참담했다. 내신 5등급, 모의고사 원점수 290점, 고2 수리 (가) 원점수 25점. 고3을 앞두고 이 학생은 동기 부여를 위해 수능을 뒤집은 7인의 이야기가 담긴 〈레인 메이커〉라는 책을 읽고 그들의 의지와 노력에 감탄하여 게임을 끊기로 결심했다. 그리고 고3 때 뒤늦게 문과로 바꾸고 이렇게 다짐했다.

"이제 모든 것을 새롭게 계획해서 처음부터 다시 시작하자."

그리고 게임이 생각날 때마다 스스로에게 이렇게 말했다.

"게임 하나도 못 끊는 의지박약이면서 무슨 공부를 한다는 거지? 진짜 정신 좀 차리자."

그는 나중에 회고록에서 이렇게 말했다.

"게임을 하고 싶을 때마다 나를 다그치며 채찍질했다. 습관을 바꾸는 데에는 오랜 시간이 걸린다는 것을 절감할 수 있었다."

"나는 앉아 있는 시간만큼은 임진록2 전국 1등을 향해 달릴 때처럼 집중했다. 나는 게임폐인에서 공부폐인으로 거듭나고 있었다."

그는 바로 공부의 신 김찬영이다. 김찬영은 2005년 중앙대 법대 합격, 경희대 법대 합격, 2006년 한양대 법대 합격, 2007년 서울대 윤리교육과를 합격하고 2009년 〈꿈이 있다면 멈추지 않는다〉라는 책을 출간하였다. 그는 이 책에서 "진정한 변화는 바로 자신의 내면에서 일어나야 합니다."라고 하였다. 그럼 김찬영 성공의 결정적인 요인은 무엇이었을까? 우리가 주목해야 할 부분은 바로 '절제력'이다. 절제력이란 공부를 방해하는 여러 유혹들을 스스로 참을 수 있는 힘을 말한다. 공부에 있어 절제력은 필수 영양소다. 절제력이 부족한 한 학생의 예를 들어 보자. 저녁 7시경 책상에 앉아 이렇게 생각한다.

'10분만 메일 확인하고 공부해야지!'

절제력이 부족한 이 학생의 다음 행동이 예상되는가? 다시 8시쯤에 이렇게 생각한다.

'간만에 미니홈피 일촌 순회나 한번 해 볼까?'

그다음 행동도 예상이 된다. 9시쯤 이 학생은 새로운 게임 이벤트를 접하게 된다.

'한 판만 하고 공부해야지.' '진짜 이번이 마지막이다.' '딱 한 판만 더!' '앗! 죽었다! 마지막으로 한 판만 더!'

그러다 문득 정신을 차려 보니 벌써 12시가 다 되었다. 그러고는 이렇게 중얼거린다.

"왜 벌써 12시지? 내일부터 열심히 공부하자."

이 학생의 오늘 방과 후 자가 학습 시간은 없었다. 컴퓨터에 시간을 빼앗겨 버렸으니까. 결과론적인 이야기지만 컴퓨터를 켜지 않았더라면 이 학생은 5시간을 공부할 수 있었다. 하루 5시간이면 일주일은 35시간, 한 달이면 150시간이다. 절제력이 높은 학생이 나중에 승리하게 되는 이유는 바로 이런 시간의 차이가 점점 벌어지게 되기 때문이다. 다른 학생의 예를 들어 볼까? 영문법과 씨름하고 있는 지연이가 있다.

"관계대명사는 글과 글을 잇는 접속사의 구실과 대명사의 구실을 겸하는 대명사이다. 어쩌고저쩌고…… 뭐라는 거야?"

이해가 될락 말락 하는 찰나 친구한테 문자가 온다. 별 중요한 내용은 아니지만 예의상 답문을 보낸다.

'어, 공부 어디까지 했더라?'

다시 교재의 첫 부분으로 돌아간다.

"관계대명사는 글과 글을 잇는 접속사의 구실과 대명사의 구실을 겸하는 대명사이다. 어쩌고저쩌고…… 뭐라는 거야?"

다음 페이지로 넘어가려는데 친구한테 같이 쇼핑하러 가자는 전화가 온다. 약속을 정하며 신 나게 통화를 한다.

'약속 시간까지 1시간 정도 있으니까 이거 끝내고 가야지. 근데 어디까지 했더라?'

다시 교재의 첫 부분으로 돌아간다.

"관계대명사는 글과 글을 잇는 접속사의 구실과 대명사의 구실을 겸하는 대명사이다. 어쩌고저쩌고…… 뭐라는 거야?"

한 페이지도 못 나갔는데 벌써 약속 시간이다.

'나머지는 일단 갔다 와서 하자.'

그러고는 신 나게 쇼핑을 한다. 옷가게를 백 바퀴 돌았더니 조금 피곤하다. 낮잠 시간을 깨알같이 챙긴다.

"어디까지 했더라. 처음부터 다시 해야겠네. 관계대명사는 글과 글을 잇는 접속사의 구실과 대명사의 구실을 겸하는 대명사이다. 어쩌고저쩌고…… 뭐라는 거야? 근데 너무 졸리네. 일단 자고 나서 하자."

한 달째 교재의 첫 부분만 보고 있는데 벌써 시험이다. 나름 맨날 책은 붙잡고 있었던 것 같은데 대체 머릿속에 남아 있는 게 없다. 별거 아니라고 생각했던 일탈 하나가 공부의 흐름을 끊어 놓았다. 지연이가 간과한 부분이 바로 이것이다. 흐름 없이 뚝뚝 끊어진 지식은 머릿속에 남지 않는다는 것이다.

이제 자신을 한번 되돌아보자. 학교 축제, 여름휴가 등 일시적인 것을 제외한 것들 중 지속적으로 나의 공부를 가장 방해하고 있는 것 세 가지는 무엇이 있으며 어떤 피해를 보고 있나? 나는 얼마나 변하고 싶으며 할 수 있다고 생각하는 마음은 얼마만큼인지 생각해 보자. 이미 여러분 안에 답은 들어 있지 않은가.

05

공부에 집중하는
환경 만들기

❶ 공부하고 싶은 환경 만드는 4대 원칙

티베트여우나 생선 가게를 지키는 고양이, 수행자들에게는 환경이 그다지 중요하지 않겠지만 갖가지 유혹 환경에 노출되어 있는 우리들에게는 공부 환경이 매우 중요하다. 공부하고 싶은 환경이란 무엇일까? 우선 한 가지 예를 들어 보도록 하자. A책상에는 컴퓨터, 연예인 사진, 음악 CD, 거울, 카메라 등 공부에 방해되는 것들이 많고 물건들이 정리되지 않아 공부할 공간이 확보되지 않았다. B책상은 불필요한 물건을 치워 공부할 공간을 넉넉하게 확보하였으며 공부에 필요한 물건만 정리해 두어 집중할 수 있는 환경을 만들었다. 상식적으로 생각해서 불필요한 물건들이 가득한 책상과 물건을 싹 정돈하여 깔끔한 책상, 둘 중에 어느 것이 집중이 잘되고 학습 효과가 높을까? 공부에 방해되는 유혹거리를 옆에 두고 참는 것은 자신의 인내력을 테스트하는 것밖에 되지 않는다. 그럼 지금부터 다음 원칙들에 따라 공부하고 싶은 환경을 만들어 보자.

원칙 1. 공부만 하는 곳을 정한다

우선, 공부는 내 방에서만 하는 것이라는 원칙을 정한다. 목적에 따라 장소를 구분하는 것은 매우 자연스러운 일이다. 공부하기 위해 어떤 특정한 장소에 있다는 것 자체가 이미 공부를 위한 준비다. 한 곳에서 계속 공부를 하게 되면 우리 몸이 '아, 여기서는 공부를 해야 하는구나.' 하고 자동적으로 반응하게 되어 다른 곳보다 더 공부에 몰입하는 상태가 된다. 집에서 공부에 몰입하기 가장 좋은 장소가 바로 '내 방'이 되어야 한다. 그리고 책상 위에서 음식을 먹거나 만화를 보거나 컴퓨터를 하면서 시간을 보내면 나중에는 책상에 앉기만 해도 그러한 행동이 생각나게 된다. 이를 심리학에서는 조건 형성이라고 하는데 아무리 졸려도 방을 두고 화장실이나 주방에서 자지 않듯이 공부하는 곳에서는 공부만 해야 한다. 정히 내 방에서 공부가 잘 안된다면 학교, 도서관, 학습실을 선택할 수 있겠지만 가장 우선적으로 내 방이 공부하는 곳이라는 원칙을 정해야 한다.

원칙 2. 주의를 뺏는 물건을 미리 치운다

간혹 연예인 사진이나 자신의 우상 사진 혹은 취미에 관련된 포스터, 만화, 그림 등을 책상 주변에 붙여 놓는 경우가 있다. 이런 것들은 나의 주의를 뺏을 우려가 있기에 정리하는 것이 필요하다. 또한 아예 딴생각을 하지 않고 공부에만 집중할 수 있도록 거울, MP3, 게임기, 휴대폰, TV, 컴퓨터 등 공부와 관련이 없는 것들은 다른 곳에 보관해 두는 것이 좋다. 간식이나 음료수 등도 책상에 올리지 말아야 할 물건들에 포함되니 책상에서 보이지 않는 쪽으로 치워 두는 것이 바람직하다. 더불어 학습을 시작하면 간식이나 음료를 너무 많이 먹지 말아야 하는데 뇌가 활발한 활동을 하기 위해서는 적절한 영양분이 필요하지만 배가 부르면 졸려서 학습 능률이 떨어지게 되니 피해야 할 요소다.

원칙 3. 학습 도구를 모두 갖춘다

필기구, 사전, 노트 등을 미리 완벽하게 책상에 잘 정돈해 두어 한번 책상 앞에 앉으면 자주 들락날락하지 않도록 한다. 그렇지 않으면 갑자기 필요한 물건을 찾느라고 집중력이 흐트러지는 일이 생길 수 있다. 학습 플래너, 계획표, 시계는 가까이에 두어 우선순위와 해야 할 공부를 명확하게 하도록 한다. 이는 멍하니 책상에 앉아 있는 것을 막아 줄 중요한 도구가 될 것이다. 그리고 책꽂이는 당장 공부에 필요한 책을 중심으로 정리하고 만화, 잡지, 비교과 서적, 당장 공부에 필요하지 않은 교재는 되도록 책꽂이에 꽂지 않아야 주의가 분산되는 것을 막을 수 있다.

원칙 4. 가구와 조명을 관리한다

책상 위를 정리하여 공부 공간을 여유롭게 확보하는 것은 물론, 가구 배치도 굉장히 중요하다. 그중에서도 침대는 책상에 앉았을 때 보이지 않는 곳으로 배치해야 한다. 공부하다 침대가 보이면 눕고 싶고 누우면 자고 싶기 마련이다. 아예 시선이 침대로 향하는 것을 차단할 필요가 있다. 다음으로는 편안하고 바른 자세를 유지할 수 있는 의자를 사용하되 바퀴가 달려 있거나 빙글빙글 돌아가는 의자는 피해야 한다. 장시간 의자에서 생활해야 하는 학생들의 경우 불편한 의자에서 잘못된 자세로 오랫동안 앉아 있게 되면 척추에 이상이 생길 수 있으니 주의해야 한다. 그리고 빙글빙글 돌아가거나 움직이는 의자 역시 주의력이 분산될 수 있으므로 피해야 한다.

조명을 사용할 때 흔히 책상은 밝게 하고 주위는 어둡게 하는데 이것은 눈을 쉽게 피로하게 만든다. 방 전체에 불을 켜고 보조 스탠드를 함께 사용해야 집중이 잘되고 시력도 보호할 수 있다. 조명이 나쁘면 눈이 쉽게 피로해지고 머리가 아프고 졸음이 오는 등 정신 집중을 방해할 가능성이 많으니 조명 관리에도 신경 쓰도록 하자.

❷ 4대 공부 방해 요소 필살 관리법

학생들에게 공부를 방해하는 것들을 선택하라는 질문에 가장 많은 지적을 받은 요소는 바로 컴퓨터, 휴대폰, TV, 잠 이렇게 4가지다. 이 4가지 요소를 확실하게 통제하지 않으면 공부에 집중하기가 무척 힘들다. 지금부터 이 4가지 요소를 관리하는 방법을 배워 보자.

요소 1. 컴퓨터

컴퓨터를 관리하기 위해서 가장 확실한 방법은 아예 컴퓨터를 없애는 것이다. 그게 힘들다면 컴퓨터를 내 눈이 닿지 않는 안방이나 거실로 옮기도록 하자. 절대 내 방에 컴퓨터가 있으면 안 된다는 것이다. 그리고 나서 마우스나 키보드 등을 아예 빼서 부모님께 맡겨 놓고 필요할 때마다 허락을 받고 쓰면 좀 더 효과적이다. 또 내가 자주 가는 사이트들의 즐겨 찾기를 지워 버리거나 인터넷 강의 사이트를 제외한 모든 사이트를 차단하고 나도 모르는 비밀번호를 걸어 버리자.

컴퓨터 사용 시간과 용도를 기록하는 것도 한 가지 방법이다. '하루에 몇 시간, 일주일에 몇 시간'처럼 제한 시간을 정해 두고 빠짐없이 진실되게 적도록 한다. 그것만으로 부족한 학생들은 컴퓨터를 끊겠다고 주위에 알려 소문을 내는 것이 필요하다. 나중에는 큰소리친 게 있어서라도 지키게 되며 게임 친구들로부터도 벗어날 수 있다. 그 친구들도 진정한 친구들이라면 나의 결심이나 공부 의지를 이해해 줄 것이다. 컴퓨터 하던 습관을 이겨 내려면 컴퓨터 외의 다른 습관을 들여야 한다. 즉, 습관은 습관으로 다스리는 것이다. 독서, 산책, 운동, 악기 등 다른 습관으로 채우도록 하자.

요소 2. 휴대폰

휴대폰이 옆에 없으면 불안해하는 학생들이 의외로 많다. 전화벨이 울리지 않았는데도 혹시나 하고 열어 보고 잠깐 틈나면 열어 보고 심심하면 열어 보고 그냥 열어 보고 또 열어 보고…… 이렇게 휴대폰 의존 정도가 심한 학생들은 첫 단계로 '1시간 공부하고 쉬는 시간에 한 번 보기'처럼 시간을 정해 놓고 정해진 시간에만 휴대폰을 볼 수 있도록 한다. 그다음에 휴대폰을 볼 수 있는 시간을 점점 줄여서 휴대폰 의존도를 줄여 나간다. 그러다가 어느 정도 익숙해지면 아예 휴대폰을 꺼서 안 보이는 곳에 두도록 한다. 휴대폰을 켜 놓고 공부하다 보면 어김없이 친구들에게 문자가 날아온다. 시도 때도 없이 날아오는 문자에 대응하다 보면 집중해서 공부하기 어렵고 공부를 하면서도 문자가 올 것 같아 모든 신경을 휴대폰으로 쏟게 된다. 시계 기능, 전자사전 기능 등의 핑계는 대지 말도록 해야 한다. 아예 꺼 두는 것이 힘들다고 한다면 수신 거부 시간을 정해서 주위에 미리 선포해 보자. "나 몇 시부터 몇 시까지 공부하니까 전화 못 받을 거야." 이렇게 말이다.

그리고 휴대폰 요금제를 바꾸는 것도 한 가지 방법이다. 지정된 금액 사용 후 발신이 정지되는 정액 요금제를 사용하도록 하고 무제한 문자 요금제나 무료 문자가 많은 요금제는 절대로 피하도록 한다. 아예 해지하는 것도 적극 추천하는 방법이니 고려해 보도록 하자.

요소 3. TV

TV가 자신의 방에 있는 학생들도 더러 있긴 하지만 대부분 TV는 거실에 있을 것이다. 거실에 있는 TV는 가급적 안방으로 치우거나 TV를 천이나 종이로 가려 두도록 하자. 자신의 방에 TV가 있다면 당연히 다른 방으로 치우거나 안방으로 보내도록 한다. 그리고 TV를 보는 시간을 정해 놓고 반드시 그 시간에만 보도록 하고 TV 시청 기록장을 만들어 시청 시간과 프로그램을 기록하는 것도 좋은 방법이다. 더불어 이왕 볼 거면 공부에 도움이 되는 뉴스나 교육 방송, 교양 프로그램을 보는 것이 좋다. TV를 목표 달성의 보상으로 만드는 것도 한 가지 방법이라 하겠다. '목표를 달성하면 ○○ 프로그램을 ○○시간 동안 보겠다'라는 식으로 TV 시청을 나에게 주는 상으로 정한다. 대신 목표를 달성하지 못하면 절대 TV를 보지 않아야 한다.

요소 4. 잠

쏟아지는 잠을 참아 내기란 참 쉽지 않은 일이다. 그러나 그 잠도 관리만 잘하면 충분히 이겨 낼 수 있다. 공부하다가 졸릴 때가 많은데 무조건 참기에는 한계가 있다. 그렇다고 무턱대고 잘 수도 없다. 정히 졸릴 때는 쉬는 시간을 미리 정해 둔 뒤 그 시간에만 알람을 맞춰 놓고 10분만 자도록 한다. 누워서 자면 너무 편해서 못 일어나는 경우가 생길 수 있으니까 책상에 이마만 대고 자도록 한다. 학교에서라면 쉬는 시간 10분, 점심시간 10분 등을 이용하여 쪽잠을 자는 것으로 정하면 된다. 절대 수업 시간에 졸지 않아야 하기 때문이다. 또한 공부할 때는 눕거나 엎드려서 하지 않도록 한다. 사람의 심리라는 것이 서면 앉고 싶고 앉으면 눕고 싶고 누우면 자고 싶은 것이다. 책상에서 쿠션을 안고 기대듯이 하는 자세도 좋지 않으므로 피하는 것이 좋다. 그럼에도 불구하고 졸릴 때는 일어서서 책을 읽어 보자. 일어나서 공부를 하거나 가볍게 걸으면서 책을 읽으면 졸음을 막을 수 있다. 수업 시간에 일어나는 것이 부담스러우면 아무도 모르게 엉덩이를 의자에서 1cm 정도 들어 일명 '투명 의자' 자세를 취해 보자. 1분도 지나지 않아 등에 땀이 흐르면서 잠이 확 달아

나게 된다.

졸음은 식사량과도 관계가 있다. 배가 너무 부르면 포만감 때문에 졸리게 되므로 공부하기 전에는 너무 과식하지 않도록 하자. 특히 밤에 많이 먹으면 소화가 잘 안될 뿐만 아니라 억지로 소화시키느라 위가 혹사를 하기 때문에 더욱 피곤해지게 된다. 하루에 기본 6시간은 숙면을 취하도록 한다. 십대 때에는 6~8시간이 최적 수면 시간이라고 과학적으로 증명되어 있다. 밤에 1~2시간 더 공부하는 바람에 낮에 7~8시간을 졸면 결국은 -6시간이 된다. 밤에 잠을 푹 자서 낮에 자는 시간을 줄이는 것이 더 효율적이라 하겠다. 어설프게 1시간 더 공부하느니 일찍 자고 다음 날 맑은 정신으로 공부해 보자. 그리고 자기 전에는 컴퓨터나 TV를 멀리하도록 한다. 컴퓨터나 TV는 뇌에 긴장을 일으켜서 숙면을 방해하므로 자기 전에는 책을 읽거나 조용한 음악을 들어 뇌의 긴장을 풀어 주는 게 좋다. 더욱이 자기 전 30분 독서 습관이 쌓이면 효과적으로 독서량을 늘릴 수 있다. 고등학생이라면 자기 전에 영어 단어 암기를 하거나 영어 듣기를 해 보는 것도 좋은 방법이라 하겠다.

잠 관리에서 가장 중요한 요소는 규칙적인 수면 습관을 들이는 것이다. 일정한 시간에 자고 일어나는 것만으로도 낮에 조는 일이 많이 줄어들 것이다. 매일 자고 일어나는 시간이 불규칙해지면 몸이 '언제 잘지 모르니 틈틈이 자 둬야겠군.' 하며 항상 졸게 만든다.

06

집요하게 공부하면
불가능은 없다

❶ 에베레스트의 사나이

네팔과 티베트 국경에는 세계 최고봉 해발 8848m의 에베레스트 산이 있다. 1940년대 이 에베레스트 등정에 실패한 사람이 있었다. 그는 에베레스트에게 이런 말을 남겼다고 한다.

"산아, 자만하지 마라. 너는 이미 성장을 멈추었지만 나는 계속 성장하고 있다. 나는 다시 돌아온다. 그리고 반드시 정상에 설 것이다."

그로부터 10년 후인 1953년 5월 29일, 이 남자는 인류 최초로 에베레스트 등정에 성공하게 된다. 그리고 에베레스트 정상에 올라 이렇게 외쳤다고 한다.

"우리가 망할 녀석을 때려눕혔다!"

그는 바로 오늘날 뉴질랜드 인들이 가장 존경하는 인물인 '에드먼드 힐러리 경'이다. 에드먼드 힐러리는 에베레스트 등정 후 영국에서 기사 작위를 받았다. (당시 뉴질랜드는 영국의 식민지였다.) 에드먼드 힐러리는 뉴질랜드 5달러 지폐의 인물이 되었다. 그는 에베레스트 등정 후에도 네팔을 120여 차례 이상 방문하며 학교와 병원을 세우고 재단을 설립하여 평생 지원하였고 에베레스트의 환경 보호 운동에도 앞장섰다. 에베레스트 등정 후 히말라야 원정대 대장, 뉴질랜드 남극 횡단 원정대 대장을 역임하였으며 2008년 고향 뉴질랜드에서 타계했다. 그는 20세기의 가장 위대한 탐험가 중 한 사람으로 선정되기도 했다. 그런 그에게 생전 '어떻게 세계 최고봉을 정복할 수 있었느냐?'라는 질문들이 쏟아졌다. 그때마다 그는 이렇게 대답했다.

"뭐, 간단합니다. 한 발 한 발 걸어서 올라갔지요. 진정으로 바라는 사람은 이룰 때까지 합니다. 안 된다고 좌절하는 것이 아니라 방법을 달리합니다. 방법을 달리해도 안 될 때는 그 원인을 분석합니다. 분석해도 안 될 때는 연구합니다. 이쯤 되면 운명이 손을 들어 주기 시작합니다."

공부도 산과 똑같다. 오로지 정상을 향해서 스스로 정직하게 한 걸음씩 포기하지 않고 나아가야 정복할 수 있다. 여기서 우리가 주목해야 할 부분은 바로 집요함이다. 집요함이란 완벽하게 이해될 때까지 끈질기게 파고드는 도전 정신을 말한다.

❷ 집요함이 필요해!

공부에 집요함이 왜 필요할까? 지금부터 집요한 L학생과 설렁설렁한 K학생을 비교해 보도록 하자. 모르는 문제가 나왔을 때 L학생은 배운 내용을 떠올리며 풀이 방법을 고민해 본다. 그리고 모르는 용어나 개념을 찾아본다. 반면, K학생은 바로 해답을 보고 그대로 베껴서 적어만 놓는다. L학생은 알 때까지 온갖 자료를 활용해서 반복 학습하고 스스로 완벽하게 다시 풀어 본 후 쉰다. 반면, K학생은 해답을 대충 훑어보니 알 것 같아 그냥 넘어가고 못 풀었던 문제는 잊어버리고 놀러 간다.

이 두 학생의 시험 결과는 어떻게 됐을까? 예상대로 L학생은 몰랐던 문제가 완벽하게 기억에 남아 정답을 다 맞혔지만 K학생은 시험에 같은 문제가 나왔어도 다 틀렸다. 여기서 하고 싶은 말은 이해한 뒤 스스로 풀고 넘어간 것이 대충 훑어보고 넘어간 것보다 완벽하고 더 오래 기억될 수 있다는 것이다. 즉, 스스로 고민하고 여러 번 복습하면 저절로 이해하고 기억하게 된다는 말이다.

07

3회독에 질문까지 하면
안 될 공부가 없다

❶ 꼼꼼 반복 × 열혈 질문

집요함이 어렵게 느껴지는가? "제가 원체 느긋한 성격이라서요." 혹은 "하고는 싶은데 몸이 안 따라 줘서요." 이런 학생들이 있는가? 그렇다면 '반복'과 '질문' 이 두 가지만 기억하자. 공부를 하다 보면 당장은 아는 것 같아도 나중에 잊어버릴 것에 대비하지 않았다가 중요한 순간에 생각나지 않는 경우가 있을 것이다. 반복해야 완벽히 내 것이 될 수 있다. 코앞에 있는 것만 보다가 큰 코 다치지 않도록 하자. 특히 눈으로만 한 번 읽고 "아, 이거 알겠어. 이해됐어." 하고서 대충 넘어가는 버릇이 있는 학생들은 꼭 되새겨 보아야 할 대목이다. 지금부터 집요함의 원칙에 대해 알아보자.

원칙 1. 어떤 책이든 최소 세 번은 본다

이렇게 얘기하면 학생들은 대뜸 "어떻게 한 권을 세 번이나 읽어요? 한 번 읽기도 벅찬데! 특히 문제집 같은 경우는 어떻게 세 번이나 다시 푸나요?"라고 반박한다. 다시 한 번 얘기하지만 한 번만 보면 금방 잊어버리게 된다. 앞선 내용 중 '에빙하우스의 망각 곡선'을 떠올려 보자. 잊어버리지 않기 위해서, 필요할 때 바로 머리에서 꺼내기 위해서라도 세 번 이상은 반복해야 한다. 반복을 하면 그 과정에서 전에 못 봤던 내용을 발견하고 체크할 수도 있고 전에는 깨닫지 못했던 의미를 갑자기 깨달을 수 있다. 열 권의 문제집을 푸는 것보다 내가 모르는 문제가 하나도 없는 문제집을 만드는 것이 더 중요하다. 많은 문제를 푸는 것은 시험 전에 실전 감각을 익힐 때나 하는 것이다.

원칙 2. 교과서, 기본서는 단계별로 읽는다

우선 교과서, 기본서의 3회독 방법에 대해 알아보자. 1회독할 때는 단원명, 목차, 학습 목표를 확인한 후 전체 내용의 흐름과 큰 줄기를 파악하며 읽어 나가고 일단 끝까지 읽는다. 처음부터 하나하나 빼먹지 않고 정독하면 계획이 미뤄지거나 어려운 부분이 나왔을 때 손을 놓게 된다. 결국 책들의 앞부분에만 손때가 묻어 있는 현상이 발생하는 것이다. 따라서 처음에는 전체 흐름과 학습 목표 이해를 위해 일단 끝까지 읽는 것이 우선이다. 2회독부터는 세부 내용을 이해하고 핵심 어휘, 어구, 공식에 밑줄을 그으며 주요 사항을 암기하면서 읽는다. 책을 일단 한 번 봐 두었기 때문에 다시 보기가 수월해지고 낯선 내용에 대한 두려움이 많이 없어진 상태일 것이다. 이때부터 이해를 중심으로 차근차근 읽고 주요 사항을 암기해 나간다. 3회독은 암기를 확인하고 부족한 부분은 보충하며 읽는 단계다. 학생, 과목, 책의 난이도에 따라 세 번 만에 끝나지 않을 수 있다. 세 번을 읽었으나 교과서에 모르는 내용이 제법 남아 있다고 판단되면 과감히 네 번, 다섯 번째 정독에 돌입해야 한다. 만약 3회독을 하고 나서 자신이 모르는 내용이 아주 적다면 그 부분만 따로 보충하고 외운다.

원칙 3. 문제집은 버그를 잡아 나가듯 푼다

지금부터는 문제집을 3회독하는 방법에 대해 알아보자. 버그를 잡아 나가듯 푼다는 것은 √표시(=버그)된 문제를 점점 줄여 나가며 푸는 것을 말한다. 처음 1회독할 때는 연습장에 풀고 채점한 후 틀린 문제(/표시), 찍은 문제(√표시), 헷갈린 문제(?표시), 어려운 문제(☆표시)를 책에 표시한다. 각각의 표시들은 나중에 헷갈리지 않도록 통일하도록 한다. 그리고 여러 번 풀기 위해 문제는 연습장에 풀도록 하고 표시만 책에 한다. 다음 2회독할 때는 각각 표시된 문제들의 해당 단원을 찾아 재학습하고 스스로 완벽하게 푼 뒤 해설과 비교한다. 여기서 중요한 것은 채점한 후 바로 해설지를 봐서는 안 된다는 것이다. 해설지는 재학습 후 스스로 다시 풀어 보고 나서 나의 답과 비교할 때 보도록 한다. 마지막 3회독할 때는 표시된 문제들만 연습장에 풀고 채점하고 1회독과 같은 방법으로 책에 표시를 추가한다. 더이상 모르는 문제가 없으면 다음 단원으로 넘어가고 틀린 문제가 있으면 다시 앞 단계들을 반복하도록 한다. 학생, 과목, 책의 난이도에 따라 세 번 만에 끝나지 않을 수 있다. 세 번을 읽었으나 모르는 문제가 제법 남아 있다고 판단되면 과감히 네 번, 다섯 번째 정독에 돌입해야 한다.

❷ 열혈 질문 공부법

모르는 것을 질문하지 않고 공부하는 것은 구멍 난 벽돌로 집을 짓는 것과 같으며 또한 수도관에 작은 돌이 쌓이는 것과 같다. 즉, 언젠가 결정적인 순간에 벽돌이 무너져 내리거나 수도관이 막혀 터져 버리는 위험을 가지고 있다는 말이다. 모르는 것을 부끄러워하지 말자. 가만히 있으면 중간이나 가는 게 아니라 그 중간도 못되는 것이고 질문을 잘하면 자다가도 떡이 생긴다. 꿋꿋이 당당하게 질문하자.

원칙 1. 선생님께 질문하는 것을 꺼리지 않는다

A라는 학생이 있다. 이 학생은 수업 시간에 자리를 지키고 앉아 이해가 안돼도 그저 우두커니 바라만 보다가 수업이 끝나면 일단 책을 덮어 버리고는 시험 기간이 돼서야 발만 동동 구른다. 수업 중 바로 선생님께 질문했으면 되는 것을 가지고 시험 기간에 몇 시간 동안 책을 뒤적거리며 고민하다가 답이 나오면 다행이지만 대부분 중간에 포기하거나 엉뚱하게 이해하고 넘어가서 나중에 당황하게 된다. B라는 학생은 "수업 시간에 쪽팔리게 무슨 질문이야. 나중에 혼자 공부하면 돼." "보나 마나 선생님이 귀찮아하시겠지. 나중에 학원 선생님이 알려 주실 거야."라고 넘어간다.

이 두 학생의 모습이 과연 공부를 잘하고 싶은 사람의 모습일까?

절대 아니다. 학생들의 생각과 달리 선생님은 절대 질문을 귀찮아하지 않는다. 오히려 대부분의 선생님들이 질문받는 것을 좋아한다고 한다. 질문을 하는 것은 수업을 잘 듣고 있다는 신호이기 때문이다. 모르는 것이 생길 때마다 선생님께 가서 질문하는 것을 반복하면 선생님은 자연스럽게 관심을 기울이며 기특해할 것이고 선생님과의 좋은 교류도 맺을 수 있다. 선생님께 바로바로 질문하자.

원칙 2. 수업 도중 모르는 것이 생겼을 때

수업 중이라도 모르는 것을 그냥 넘어가면 안 된다. 수업 중간이라도 모르는 것이 있으면 바로 손을 들고 질문을 한다. 수업에 방해가 될 것 같으면 책에 표시를 하거나 포스트잇 등에 적어 두고 수업이 끝나자마자 잽싸게 나가서 질문하도록 한다. 질문할 시간이 부족하면 선생님께 언제 다시 뵙고 여쭐 수 있는지 확인하여 다시 찾아간다. 너무 어렵다고? 막상 해 보면 별것 아니다. 시작해 보자.

원칙 3. 수업 이후 모르는 것이 생겼을 때

수업 이후에는 수업 도중과 방법을 조금 달리한다. 수업을 열심히 듣고 난 후 공부하다가 모르는 것이 생겼을 때 조금 어려워 보인다고 학교 선생님이나 과외 선생님, 학원 선생님에게 바로 질문하러 가는 것이 아니라는 것이다. 배운 내용을 되짚고 책도 찾으면서 혼자 고민하고 스스로 해결하려 노력하는 시간을 갖는다. 기본적으로 질문하기 전에는 해당 범위를 세 번 이상 살펴봐야 한다. 평상시에는

10~30분 정도 고민해 보고 시험 준비 때는 시간이 부족하기 때문에 5~10분 정도 고민해 본 후 선생님께 도움을 요청하자. 여기서 중요한 건 혼자서 고민하는 것을 절대 시간 낭비라고 여기지 않아야 한다는 것이다. 혼자 고민하는 시간을 통해 실력이 부쩍 성장할 수 있고 그래야 질문에 대한 답을 들어도 이해가 훨씬 잘된다.

원칙 4. 질문은 최대한 구체적으로 한다

질문을 할 때는 우선 내가 어디까지 이해했고 어디부터 이해가 안되는지를 전달한다. 그러고 난 후 나의 생각, 풀이 과정을 말한 뒤 어디가 틀렸는지 물어본다. 특히 이해가 안되는 부분을 집어 핵심적으로 질문하도록 한다. 질문 내용이 많다면 종이에 리스트를 적어가는 것이 좋으며 질문 리스트를 정리하다 답을 찾는 경우도 있으니 활용해 보는 것이 바람직하다.

원칙 5. 이런 학생은 되지 말자

간혹 책부터 펴놓고 전부 다 모르겠다고 설명해 달라고 한다거나 질문하러 와서 뭘 질문하려는지 헤맨다거나 자신이 뭘 모르는지조차 모르는 학생들이 있다. 이런 경우 앞의 원칙 3, 4단계를 거치지 않았거나 수업 도중 집중하지 않은 것이다. 우선 수업을 잘 듣고 복습의 단계를 꼭 거치도록 하자.

❸ 집요함의 마음가짐

집요함이란 마음가짐에서부터 비롯된다. '선행 학습도 했고 학원에서도 한 번 배웠고 시험 때 공부하면 되고 난 머리가 좋으니까 대충 세 번만 읽고 넘어가도 되겠지?'라고 생각하는 학생이 있다면 이런 마음부터 버리도록 하자. 지금부터 집요함의 원칙에 대해 알아본다.

원칙 1. 겸손하게 공부한다

문제를 풀어 맞혔다고 기뻐하지 말고 진정한 나의 실력으로 풀었는지를 생각해 봐야 한다. 독해 지문의 맨 앞과 뒤만 보고 답을 찍어 맞히기 등 문제 풀이 기술을 바탕으로 풀었는지, 운이 좋아 내가 아는 것만 나왔거나 찍어서 맞혔는지, 문제가 너무 쉬운 것은 아니었는지 생각해 봐야 한다. 그리고 틀린 문제는 당연히 반성하면서 완벽하게 나의 것으로 만드는 과정이 필요하다. 공부를 하거나 문제를 풀다 알듯 말듯 하거나 미심쩍은 부분이 있으면 기록을 한 뒤 확인하고 넘어가야 한다. 단, 문제를 푸는 도중에는 모르는 부분을 찾지 않도록 한다. 일단 문제 풀이를 끝내고 난 후 찾아봐야 한다.

원칙 2. 한결같이 공부한다

쪽지 시험일지라도 똑같이 전력을 다해 공부하고 마지막 한 장, 최후의 5분까지 최선을 다하는 자세가 필요하다. 또한 쉽다고 대충하지 말고 어렵다고 슬쩍 넘어가는 것도 피해야 할 행동이다.

집중력만이
살길이다

❶ 불가능을 가능하게 하는 힘, 집중력!

즐거워도 괴로워도 항상 책상 앞을 지키며 하루 종일 공부에만 매달리는 엉덩이 인내심 최고 기록 보유자 A양이 있다. 그렇게 하루 종일 책상을 떠나지 않고 공부를 하지만 A양의 성적은 왜 항상 제자리일까? 뭐가 문제일까? 그 이유는 A양이 공부할 때 머릿속에 '잘생긴 남학생, 간식, 연예인……' 이런 것이 들어 있기 때문이었다. 오랜 시간 앉아 노력하는 모습은 굉장히 좋은 모습이지만 좋은 성과를 내기 위해서는 앉아 있는 시간에 최대한의 효과를 내야 하며 앉아 있는 만큼의 성과를 내는 핵심은 바로 집중력이다. 성적은 집중력이 좌우한다. 집중력이란 말 그대로 가운데로 모으는 힘을 말한다. 학습에서의 집중력은 주변에서 공부를 방해하는 어떤 일들이 벌어지고 있다는 것을 알면서도 의식적으로 공부에 주의를 기울이는 능력이라 하겠다.

집중력으로 불가능을 가능하게 한 일화가 있다. 〈꼴찌에서 1등까지〉의 저자 백승훈이 바로 그 주인공이다. 그는 초등학교 3학년부터 중학교 3학년까지 축구를 하였으나 가정환경과 천식으로 인해 중3 때 축구의 길을 포기할 수밖에 없었다. 오로지 축구에 매달려 왔던 터라 중3 때 그의 성적은 전교 208명 중 200등이었다. 하지만 축구를 그만둔 중3 겨울 방학부터 공부를 시작하여 고등학교 1학년 때는 전교 1등을 하게 된다. 그런 백승훈이 이런 말을 했다고 한다.

> "나는 공부하는 순간 온 힘을 다해 집중한다. 책상 앞에 앉아 있을 때는 오직 공부만 생각한다. TV 소리도 옆에서 말하는 소리도 잘 들리지 않는다. 1등을 한다고 해서 특별하고 기발한 학습법이 있을 리 없다. 문제는 집중력이다. 공부할 때는 공부만 하자. 운동할 때는 운동에 몰두하고 친구를 만날 때는 친구만 생각하자. 나는 순간의 시간에 최선을 다하고 싶다."

'난 원래 집중력이 없어.'라고 생각하는 학생들이 있을 것이다. 미국의 심리학자 다니엘 골드먼 박사는 "집중력은 마음의 근육이다. 근육을 발달시키듯이 집중력도 연습과 훈련으로 발달시킬 수 있다."라고 했다. 집중력은 노력하면 얻을 수 있는 것이며 선천적으로 타고난 것이라기보다 후천적으로 길러지는 것으로 누구나 행할 수 있는 정신 활동임을 명심해야 하겠다.

❷ 집중력이 살길이다

여러분은 어떤 일을 집중해서 더 빨리 끝낸 경험이 누구나 있을 것이다. 공부도 마찬가지다. 집중해서 공부하면 같은 분량을 하더라도 더 완벽하게 해낼 수 있고 학습이 더 빨리 끝나기도 하거니와 이해도 더 많이 되며 후에 보충 작업을 하는 데도 시간이 훨씬 적게 소요된다. 성과의 차이는 다른 것에 있는 것이 아니라 같은 시간 안에 누가 더 집중하고 있느냐의 차이다. 이는 집중해서 우리가 얻을 수 있는 좋은 점 중 하나다.

집중을 하면 또 한 가지 좋은 점은 능력이 평소보다 월등히 좋아진다는 것이다. 우리는 때로 초인적인 힘으로 위기를 모면하기도 하고 시험 기간에는 평소에 외워지지 않던 학습 내용을 빠르게 암기하기도 한다. TV 드라마의 주인공이 무슨 옷을 입었는지 무슨 말을 했는지 모두 기억해 내는 초인적인 능력을 보이기도 한다. 그 초인적인 힘을 내는 비밀이 바로 '집중력'이다. 이는 과학적으로도 증명이 되었는데 그 과정은 다음과 같다. 집중할 때 우리의 몸은 정신적으로 엄청난 에너지를 소모한다. 이때 에너지 보충을 위해 혈액이 머리로 몰리는데 이로 인해 정보를 받아들이고 처리하는 능력이 올라가게 된다.

집중을 해서 좋은 점 중 다른 하나는 그것을 통해 재미를 얻을 수 있다는 것이다. 미국의 긍정 심리학 분야의 권위자이며 〈몰입의 즐거움〉이라는 책을 쓴 칙센트미하이에 의하면 '몰입'이란 쉽지는 않은데 그리 버겁지도 않은 과제를 극복하는 데 자신의 실력과 열정을 쏟아부을 때 나타나는 현상이라고 정의했다. 무엇인가에 몰입해 본 경험이 있을 것이다. 새로 산 휴대폰의 기능을 익힐 때, 새로운 악기를 배우면서 자꾸 틀려도 끊임없이 연습할 때처럼 몰입의 경험은 힘든 가운데 즐거움을 선사한다.

09

집중하는 데도
방법이 있다

❶ 집중의 무대 만들기

집중하기 위해서는 집중을 위한 환경과 마음을 준비해야 한다. 컴퓨터, TV, 휴대폰, 거울, 사진 등이 책상 위에 널려 있고 등 뒤에 포근한 침대, 책상 옆에 애완동물 울음소리와 다른 사람 잡담 소리, 음악 소리…… 과연 이런 곳에서 집중이 될까? 간혹 음악을 들으면서 공부하면 집중이 잘된다고 하는 학생들이 있다. 그건 음악이 집중을 도와주는 것처럼 느껴지는 것일 뿐 공부에 집중하는 데는 오히려 방해가 된다고 한다. 미국의 한 심리학자가 연구한 결과, 음악을 들으며 공부하면 음악 소리에 정신의 60%를 빼앗기게 되고 정신의 40%만 공부하는 데 활용된다고 한다. 인간의 신경은 한 번에 하나의 감각을 통해 하나의 정보를 인식하고 저장한다. 즉, 두 가지 이상의 행동은 못한다는 얘기다. 집중하기 위해 잠깐 음악을 듣다가도 막상 본격적인 공부가 시작되면 음악을 끄고 학습에 몰입해야 한다는 말이다.

사람이 한 번 집중의 세계로 빠지는 데 소요되는 시간은 7분 정도라고 한다. 그리고 처음 집중을 시작하는 7분 동안 다른 방해를 받으면 그 순간부터 다시 7분이 필요하다고 한다. 책을 읽던 중 친구에게 전화가 와서 흐름이 끊기면 다시 그 책을 읽던 몰입 상태로 돌아가기까지 7분이 걸리게 된다. 2시간 동안 공부를 하는데 친구에게 5번 전화가 온다면 총 35분의 시간을 허비하게 된다는 얘기다. 그러므로 집중력을 높이기 위해서는 방해물을 제거한 공부 환경을 만들어야 한다. 공부 환경을 조성하는 것은 앞서 다룬 '절제력 파트'에서 나온 내용을 다시 되새겨 보도록 한다. 우선, 공부만 하는 곳을 정하고 주의를 뺏는 물건은 모두 치운다. 그리고 학습 도구를 갖추어 놓고 가구와 조명을 관리하도록 한다.

앞에서 언급한 공부 환경이 어느 정도 정리가 되었다면 그다음 해야 할 것은 머릿속 잡념에 대처하는 것이다. 공부하기로 마음먹고 책상 앞에 앉은 지 10분 만에 내 머릿속에 잡념이 마구 떠올라 시달린 적이 있을 것이다. 그런 잡념의 시달림에 무방비 상태로 있다가는 공부는 공부대로 안되고 자신감도 바닥나고 몸은 몸대로 지쳐 버리는 상황이 발생한다. 그런 잡념에 대처하기 위해서는 잡념을 기록하거나 그것을 무시하는 방법을 활용한다. 잡념을 기록하면 다음과 같은 효과가 있다. 떠오른 잡념을 기록해 놓고 찬찬히 들여다보면 나를 가장 많이 괴롭히는 잡념을 찾을 수 있으며 물리치려는 적이 무엇인지 명확히 알 수 있게 된다. 즉, 내가 주로 하는 잡념이 무엇인지, 그 잡념의 원인은 무엇인지, 어느 시간대에 자주 그러는지, 반대로 집중할 수 있는 시간대는 언제인지를 파악할 수 있게 된다.

잡념이 생길 때는 그것을 무시하는 것이 가장 일반적인 방법이다. 오랫동안 정신 수양을 한 사람이 아니고서야 특별한 원인이 없는 잡념을 완전히 사라지게 하는 것은 불가능하다. 잡념이 떠오르는 것에 신경 쓰지 말고 과감히 쓰레기통에 버리자. 잡념이 떠올랐을 때 생각의 꼬리를 물지 말아야 한다. 잡념이 떠오르면 신경 쓰지 말고 '공부'라는 말을 외치고 다시 공부하도록 하자.

집중을 하기 위해서는 자신감도 필요하다. 성공하는 사람과 실패하는 사람의 차이는 '자신감의 유무'라고 할 수 있다. '난 잘 못하는데.'라고 생각되는 일에 온 힘을 쏟을 수 없기 때문이다. 따라서 집중력을 높이기 위해서는 부정적인 생각에서 벗어나야 한다. 긍정적인 이미지를 가지고 문제를 최소화하여 일단 시작하는 것이다. '난 못하는데 실패하면 어쩌지? 어려울 것 같아. 난 집중력이 없어. 난 머리가 나빠.'처럼 부정적 예감보다 '할 수 있어! 노력하면 다 돼! 실패도 경험이야! 쟤도 했는데 나라고 왜 못해? 이걸 성공하면 난 이런 모습이겠지?'처럼 긍정적 이미지가 자신감을 가지고 집중하는 데 도움이 된다. 그리고 문제를 최소화해서 보는 것은 자신감을 기르는 데 매우 효과적이다. 거대한 산 같은 문제도 잘게 쪼개서 생각하면 할 수 있다는 자신감을 가질 수 있다. 그리고 일단 시작하자. 하기 싫어 자꾸 미루는 일들 가운데는 "해 보니 별거 아니네."라는 말이 나오게 하는 것이 꽤 많다. 일단 시작하면 두려움의 반은 극복한 것이다.

❷ 집중력 올리는 방법

자! 지금부터 자신이 좋아하는 것을 1분 동안 떠올려 보자. "전 집중력이 없어요."를 입에 달고 사는 사람도 자신이 좋아하는 것에는 온 정성을 쏟으며 집중할 수 있다. 집중력이 없는 것이 아니라 발휘할 수 없을 뿐이다. 자, 지금부터 집중력 올리는 방법들을 알아보자.

방법 1. 최대한 구체적이고 세부적인 목표를 정해라

세계 TOP 10 안에 드는 마라톤 선수에게 '왜 뛰는지, 어디로 뛰는지, 얼마나 왔는지 알려 주지 않는 조건'으로 무조건 뛰게 하는 실험을 했다. 세계적인 선수라면 아마도 42.195km 마라톤 풀코스는 밥 먹듯 완주했을 것이다. 그러나 실험의 결과 이 선수는 10km도 채 안 되어 입에 거품을 물고 쓰러졌다고 한다. 마라톤 선수가 쓰러진 이유는 무엇일까? 실제 마라토너는 어디로 뛰는지, 얼마만큼 뛰는지 알지 못해서였다고 대답했다고 한다. 즉, 목표가 없어서 뛰는 내내 자신의 능력을 발휘하기 힘들었다고 한다.

목표 없이 어떤 일을 해내는 것은 매우 어려운 일이다. 아무 의미 없는 일에 집중하기란 매우 괴롭기 때문이다. 내가 이 일을 하는 의미인 목표가 구체적이고 세부적이면 그것을 달성하겠다는 의욕이 강해져 집중력을 올릴 수 있다. 그렇다면 다음 중 어떤 목표가 집중력에 좋은 목표일까?

당연히 B가 정답이다. 이렇듯 구체적인 목표를 정하도록 하자.

방법 2. 마감 시간을 정해라

마감이 임박했을 때 평소보다 엄청난 능력을 발휘해 본 경험이 있을 것이다. 그 마법의 힘을 마감 효과라고 한다. 마감 효과란 도저히 해낼 수 없을 것 같은 일이라도 막상 마감이 임박하면 엄청난 집중력을 발휘해 끝낼 수 있다는 이론이다. 내가 정한 구체적인 목표마다 시간을 정해 놓고 그 시간 안에 목표를 달성하려고 노력해 보자. 그 안에 해내기 위해 집중하게 될 것이다. 그럼 다음 중 어떤 목표가 집중력에 좋은 목표일까?

그렇다. B가 정답이다.

방법 3. 나의 집중 리듬에 맞춰라

여러분은 혹시 책상에 앉자마자 바로 공부에 집중하거나, 아침부터 잠자는 순간까지 고도로 집중하거나, 공부를 시작하는 순간부터 끝나는 순간까지 고도록 집중하는 사람을 본 적이 있나? 세상 어떤 사람도 매 순간 고도로 집중하기는 어렵다. 하지만 누구나 고도의 집중력을 발휘할 수 있는 특별 시간대, 일정 시간량은 존재한다. 자신이 특별히 집중이 잘되는 시간과 집중할 수 있는 시간의 양을 정해 공부하면 집중할 수 있다. 집중이 잘될 때는 이해, 사고의 집중력을 필요로 하는 공부를, 집중이 안될 때는 암기, 문제 풀이 등 집중력이 다소 덜 필요한 공부를 하도록 한다. 또, 초기 집중력이 낮다면 문제 푸는 공부를 배치하고 집중 시간이 짧다면 짧게 끊어 학습하는 것도 유용한 방법이 될 것이다.

방법 4. 목차를 옆에 두고 공부해라

목차를 확인하며 공부하는 것은 내가 공부를 어느 정도 했고 얼마만큼 더 해야 하는지 알려 주기 때문에 마음을 다잡고 집중할 수 있게 해 준다.

방법 5. 공부 잘하는 친구 옆에서 공부해라

집중하는 친구 옆에서 나도 같이 공부하다 보면 친구의 집중 리듬을 닮아 집중할 수 있다. 특히 공부하는 아이로 키우고 싶은 부모가 있다면 부모가 공부하는 모습을 보여 닮게 하는 것이 가장 좋은 방법이라고 한다.

Study

2부
—
학습 전략

나의 목표와 나의 수준에 맞는 교재와 강의는 시행착오와 시간 낭비를 줄여 주기 때문에 목표를 달성하는 데 걸리는 시간을 최소화할 수 있다. 공부에 있어 전략이 중요한 것은 누구나 알고 있지만 그 전략은 바로 교재와 강의를 가지고 수행하는 것이다. 공부 시기와 목적, 자신의 수준에 맞는 교재와 강의를 고를 수 있어야 한다.

01

나 자신을 진단할 수 있으면
공부가 쉬워진다

❶ 너 자신부터 알라

한때 미국 드라마 열풍의 주역이었던 S드라마. 그 드라마의 여자 주인공인 사라 제시카 파커는 할리우드가 인정한 패션 리더라고 한다. 그녀를 향한 찬사는 끝도 없는데 몇 가지 추려 보면 "사라의 패션은 항상 반향을 불러일으킨다."(보석 디자이너 캐럴 브로디) "새로운 유행을 창조하는 데 앞장 선 장본인이다."('E 온라인' 크리스틴 비치) "이 파격적인 스타는 레드 카펫 스타일을 창조했다."('글래머'지 신디 러브) 등이 있다. 옷 잘 입는 비결에 대해 그녀 스스로 말하기를 "나는 내가 어떻게 보이고 싶은지 잘 알고 그 부분에 대해 주관이 뚜렷하다. 나는 나한테 어울리는 옷과 스타일을 제일 잘 안다."라고 했다. 옷을 입을 때 우리는 '프로젝트 런웨이'의 패션 코치 팀 건의 말처럼 '나 자신이 누구인지부터 잘 알아야' 한다.

공부를 할 때도 우리는 '나의 현재 상태는 어떠한지? 내가 잘하는 과목과 잘 못하는 과목은 무엇인지? 내가 살고 있는 세상에서 공부의 의미는 무엇인지?'를 파악하여 나 자신이 어떠한지부터 파악해야 한다. 그렇지 않으면 말도 안되는 허황된 꿈을 꾸거나 엉터리 학습 전략으로 시간을 낭비하는 등의 오류를 범할 수 있다. 옛말에도 이런 말이 있다.

知彼知己 百戰不殆 (지피지기 백전불태 : 적을 알고 나를 알면 백번 싸워도 위태롭지 않다.)

너 자신을 알라. (소크라테스)

위에 열거한 예시들은 모두가 자가 진단을 잘해야 함을 강조한 것들이다. 여기서 자가 진단이란 나의 실력과 수준을 객관적으로 인식할 수 있는 힘을 말한다.

❷ 나를 아는 것이 왜 중요할까?

객관적인 자가 진단 없이 좁은 시야로 나를 보면 내 수준이 어느 정도인지 알 수 없지만 넓은 시야로 나를 바라보면 내가 어느 정도 상태인지 알 수 있다. 나를 객관적으로 바라보는 것은 나의 장점은 살리고 단점은 보완할 수 있는 기초가 된다. 학습에 있어서도 나의 장점을 살리고 단점을 보완할 수 있는 방법을 실천하면 강점을 살린 공부를 할 수 있게 된다. 나에 대한 객관적인 시각을 가지게 되면 현실을 직시하는 힘이 커지며 아울러 현실에 안주하지 않고 더 나은 단계로 나아갈 수 있다. 또한 주식 투자를 해도 자산 규모에 맞는 전략이 필요하고 다이어트를 해도 연령대에 맞는 전략이 있듯 공부에도 학습 스타일, 현재 실력에 맞는 전략이 있다. 자가 진단을 해야 나에게 꼭 맞는 전략을 세울 수 있고 쓸데없이 낭비되는 노력을 아낄 수 있게 된다.

02

시험과 성적 그리고
나만의 공부 스타일

❶ 성장을 위한 현실 인식

살면서 알고 싶지 않은 불편한 진실들이 있다. 몰랐으면 차라리 나았을 것 같은 불편한 진실들. 여러분은 그것들을 바로 보고 있는가? 불편한 진실이란 듣기에 그리 유쾌한 이야기는 아니지만 모른 척할 수 없는 이야기들이며 앞으로 우리가 나아가게 될 우리 사회의 이야기들을 말한다. 때론 불편해도 그 진실을 알아야 미리 적절한 대책을 세우고 준비할 수 있다. 대부분의 대기업에서 인사 관리자는 출신 학교에 따른 인사 고과에 대한 기준을 마련해 두고 그 기준에 맞춰 인력을 채용하고 있다. 모 결혼 정보 회사에서도 학교 출신에 따른 등급을 정해 두고 그 등급에 맞는 사람을 소개해 주는 기준이 있다고 한다.

행복은 성적순이 아니라고? 공부 잘한다는 이유로 인정받는 것이 어딘가 불합리하다고? 대기업 인사 관리자의 입장에서 생각해 보자. 오랫동안 알고 지냈던 사람이라면 그 사람에 대한 능력을 판단할 수 있는 근거를 많이 찾을 수 있다. 그러나 한 번도 본 적 없고 말 한마디 안 해 본 사람의 능력을 지금 당장 판단해야 한다면? 그것도 수천 명을 판단해야 한다면? 만약, 당신이 인사 담당자라면 무엇을 근거로 능력을 판단할까? 공부를 잘한다는 것은 그 사람의 성품, 잠재력, 능력의 전부를 말해 주지는 못한다. 하지만 공부를 잘한다는 것은 그 사람이 공부에 매진해야 할 시기를 성실하게 보냈다는 것, 미래를 위해 꾸준히 자기 계발에 힘썼다는 것, 앞으로도 무엇인가를 배울 가능성이 크다는 것을 말해 준다.

> "공부를 하는 이유는 경부고속도로를 뚫는 작업과 같습니다.
> 나중에 내가 가고 싶은 곳이 부산이 아닐 수도 있습니다. 그런데
> 일단 경부고속도로를 딱 뚫어 놓으면 나중에 대전을 가고 싶든,
> 대구를 가고 싶든, 어떤 목적지가 생기든 도착할 수 있습니다."
> – 남자의 자격, 이윤석 〈과외 아르바이트 편〉

❷ 시험 결과에 담긴 비밀

시험을 치르고 난 후 나눠 주는 성적표. 그 성적표에는 단순히 시험 결과만 있는 것이 아니다. 시험 결과에 담긴 비밀을 알아보자.

비밀 1. 객관적 위치를 알 수 있다

여러분은 시험 결과로 미루어 보아 최상위권, 상위권, 중상위권, 중위권, 하위권, 최하위권 중에서 어느 단계에 속한다고 생각하는가?

	평균	등급	백분율
최상위권	95점 이상	1등급	상위 1%
상위권	90 이상 95 미만	1~2등급	상위 6%
중상위권	80 이상 90 미만	2~3등급	상위 12%
중위권	70~80	3~4등급	30%
하위권	60~70	4~5등급	50%
최하위권	50 미만	5등급 이하	50~100%

시험 결과를 위와 같이 나누었을 때 여러분은 어느 단계인가? 첫 번째 질문과 다음 질문의 답에 차이가 있나? 그러면 그 이유는 무엇인가?

비밀 2. 나의 강점 과목과 약점 과목을 알 수 있다

과목 성적과 과목 선호도로 강점 과목과 약점 과목을 알 수 있다. 내가 잘하고 좋아하는 과목은 강점 과목, 잘하지도 못하고 싫어하는 과목은 약점 과목으로 나눌 수 있다. 강점과 약점 과목을 찾았다 하더라도 그것만으로는 부족하다. 예뻐지는 화장법의 핵심은 장점을 부각시키고 단점을 커버하는 것이듯 공부도 현재보다 나아지려면 자신의 강점을 갈고닦아 부각시켜야 하고 약점을 이해하고 받아들여 보완해야 한다. 강점 과목은 매일 꾸준히 난이도를 높여 깊이 있게 공부하여 나만의 비장의 무기로 만들고 약점 과목은 약점의 원인을 밝히고 특정 기간을 정해 두고 폭탄을 투하하듯 집중해서 공부하여 성적 상승의 전략으로 만든다.

비밀 3. 나의 문제점을 알 수 있다

틀리는 데는 다 이유가 있다. 시험 기술인 단순 실수(아는 내용인데 실수한 경우), 답안 작성 오류(답안 작성 실수), 시간 부족, 준비 부족, 이해·사고 부족(이 부분을 잘 모르겠어요), 정리·암기 부족(암기하지 않아 틀렸어요), 문제 해결 부족(무엇을 요구하는지 모르겠어요, 어떻게 풀어야 할지 모르겠어요) 등의 이유를 파악해야 한다. 그 이유가 분석되면 개선 전략이 보이게 된다. 단순 실수를 많이 한다면 '문제를 풀 때 글씨를 또박또박 쓰며 푼다'라든지, 이해·사고 부족이라면 '용어와 개념은 꼭 정리하여 이해한다, 문제를 읽자마자 풀이 아이디어만 써 보는 훈련을 한다'라는 등의 전략을 세워 볼 수 있다.

❸ 공부 스타일을 찾아라

옷에도 스타일이 있고 라면을 끓이는 데도 나만의 스타일이 있는데 공부에도 스타일이 있지 않을까? 친구가 다닌 학원을 따라다니거나 친구가 산 문제집을 따라 사는 등 무작정 친구를 따라서 공부해 본 적이 있을 것이다. 그렇게 무작정 따라 하지 말고 개성을 살리는 것이 필요하다. 공신들의 방법을 무작정 모방하기보다는 나의 스타일을 찾아 내게 맞는 맞춤 공부 방법을 개발하는 것이 중요하다. '나는 ○○○ 공부할 때 공부가 잘된다'라는 문구를 적어 놓고 다음 보기 중에서 ○○○에 맞는 내용들을 찾아 나의 스타일을 발견해 보자.

*공부 스타일 보기

- 혼자/여럿이
- 말을 하면서/글로 쓰면서
- 아침에/밤에/새벽에/낮에
- 정해진 시간표로/융통성 있는 시간표로
- 한 과목만/여러 과목을 바꿔 가며
- 정적이 흐르는 곳에서/약간의 소음이 있는 곳에서

　　각 보기들 중 복수 응답이 가능하며 보기 외에 다른 조건이 있다면 그것을 추가해도 무방하다.

나에게 맞는 교재와 강의는
내가 선택한다

❶ 무기를 챙기자

전쟁터에 총을 놓고 가는 것보다 더 무서운 것은 총을 잘못 가지고 가는 것이다. 당하고 나서야 깨닫는 것이기 때문이다. 공부도 마찬가지다. 수많은 학생들이 자신에게 맞지 않는 교재와 강의로 무장하고 있다. 잘못된 무기를 들고 공부라는 전쟁터에서 승리할 수 있을까?

여기서는 학습 도구를 탐색하는 것에 대해 알아보자. 학습 도구 탐색이란 나에게 맞는 교재와 강의를 찾고 선택하는 것이라 할 수 있다.

❷ 스스로 선택해라

아마도 여러분들은 남들이 좋다고 하길래 샀는데 왠지 손이 안 가는 교재, 우리 반 1등이 보길래 샀는데 어려워서 장식만 해 둔 교재, 인터넷에서 대충 골랐는데 마음에 안 들어 처박아 둔 교재 등을 사 본 경험이 있을 것이다. 혹은 스타 강사라길래 그냥 신청했는데 내 수준에 안 맞는 강의, 애들이 다 듣길래 좋겠거니 했는데 지루해 죽겠는 강의, 엄마가 신청해 줬는데 반도 못 듣고 기간이 끝나 버린 강의 등을 선택해 본 경험도 있을 것이다. 그 원인은 모두 내가 직접 고르지 않았기 때문이다. 교재나 강의를 직접 조사하고 비교, 분석하여 신중하게 고르면 나의 수준에 맞고 나에게 가장 필요한 것을 선택하게 되어 공부의 흥미를 더 오래 유지하게 해 준다. 또, '수학 개념 완성하기'가 목표인데 문제 풀이 강의와 모의고사 문제집을 선택한다면 과연 시간 안에 목표를 달성할 수 있을까?

길을 잘못 들면 위기가 찾아오고 다시 돌아가려면 2배의 시간이 필요하다는 것은 두말할 나위도 없다. 나의 목표와 나의 수준에 맞는 교재와 강의는 시행착오와 시간 낭비를 줄여 주기 때문에 목표를 달성하는 데 걸리는 시간을 최소화할 수 있다. 공부에 있어 전략이 중요한 것은 누구나 알고 있지만 그 전략은 바로 교재와 강의를 가지고 수행하는 것이라는 사실은 잘 모른다. 의사가 수술 전략을 짜고 수술 부위에 따라 수술 도구를 결정하는 것과 골프 선수가 경기 전략을 짜며 홀에 따라 골프채를 결정하는 것처럼 공부에서도 시기와 목적, 나의 수준에 맞는 교재와 강의를 고를 수 있어야 효과적인 전략을 짤 수 있다.

나에게 맞는
교재와 강의 선택법

❶ 교재를 골라 보자

아이스크림은 골라 먹는 재미가 있고 교재는 골라 사는 괴로움이 있다. 그 수많은 교재들 중에서 어떻게 나에게 맞는 교재를 고를 수 있을까? 다음 원칙에 따라 교재를 고르도록 하자.

원칙 1. 필요한 교재의 종류를 구분한다

수학을 예로 들어 설명해 보자. 수학 교재는 크게 기본서와 문제집으로 나뉜다. 기본서란 정석, 수학 바이블, 완자, 과목별 자습서들처럼 문제 풀이보다는 기본적인 내용 전달에 목표를 두고 기본 내용이 정리되어 있으며 개념 확인 문제가 같이 들어 있는 책을 말한다. 문제집은 기본 내용 학습이 끝난 상태에서 문제 푸는 연습을 통해 문제에 대한 적응력과 시험에 대비한 실전 감각을 키우기 위한 책이다. 쎈 수학, 모의고사집, 기출 문제 풀이집 등이 여기에 해당된다.

원칙 2. 현재 자신의 상황을 파악한다

나의 현재 수준과 실력이 기본 수준인지, 응용을 할 수 있는 단계인지, 심화 과정을 접해야 하는 단계인지 파악하고 난 후 나의 목표가 무엇인지 파악한다. 개념 정리가 목표인지, 실전 감각 익히기가 목표인지를 말이다. 다음으로 목표 달성을 위해 주어진 시간을 파악해야 하며 나의 하루 자가 학습 시간을 파악한다. 혼자 하기가 힘들면 선생님이나 부모님께 도움을 청하자.

원칙 3. 인터넷을 통해 교재 정보를 수집한다

수험생 카페, 입시 정보 사이트, 인터넷 서점 판매 지수, 문제집 후기 등 인터넷을 이용해 사람들의 평가를 읽고 자신의 상황에 적합한 교재들로 추천 리스트를 만든다. 초등학생, 중학생이거나 내신 교재를 선택할 때는 굳이 인터넷을 통해 정보를 수집하지 않고 바로 서점에서 교재를 비교하고 분석해도 큰 무리가 없다. 단, 수험생의 경우는 수능 대비 교재의 종류와 수가 너무나 다양하고 주어진 시간이 부족하기 때문에 다른 수험생의 후기나 평점을 참고하는 것이 도움이 될 것이다.

원칙 4. 서점에서 직접 보고 선택한다

아무리 인기 교재나 추천 교재라 할지라도 직접 보지 않고 인터넷에서 사 버리는 것은 피해야 한다. 서점에 가서 추천 리스트 중심으로 살펴보고 비교하여 선택하도록 한다. 직접 보고 선택한 교재는 인터넷에서 사도 괜찮다.

원칙 5. 좋은 기본서의 조건을 안다

수많은 책 중에서 좋은 기본서를 고르기란 쉽지 않다. 설명이 자세해서 따로 보충 교재를 찾을 필요가 없는 것, 내용이 깔끔하게 정리되어 한눈에 잘 들어오는 것, 중요한 용어나 내용이 잘 강조되어 있는 것, 설명을 읽었을 때 이해가 잘되는 것, 표, 그림, 그래프, 예문 등이 충분히 들어 있는 것 등을 고려하면 좋은 기본서를 고를 수 있을 것이다.

원칙 6. 기본서 비교하는 법을 익힌다

좋은 기본서의 조건을 알았다 해도 그것들을 비교하기가 쉽지 않게 느껴질 수도 있다. 그럴 땐 다음과 같은 순서를 따라 비교해 본다. 우선 여러 기본서를 놓고 같은 단원을 찾아 펼친 후 그 단원의 설명을 각 기본서별로 읽어 본다. 기왕이면 내가 잘 모르는 단원을 찾아 설명 부분을 읽어 보는 것이 좋다. 그중에서 설명이 쉽고 가장 이해가 잘되는 것을 고르되 수준이 비슷하다면 해설이 상세한 것을 고르도록 한다. 그래도 비슷하다면 색감이나 구성 등 디자인이 좋은 것으로 고른다.

원칙 7. 나에게 맞는 문제집의 조건을 안다

문제집을 고를 때도 요령이 필요하다. 우선 문제들을 눈으로 풀어 보는 것이 필요한데 10문제를 풀어서 그중에 모르는 문제가 3개 정도인 것을 고른다. 영어 독해집의 경우라면 전체 지문에 모르는 단어가 10개 미만인 것을 고르도록 한다. 그리고 문제 유형이 다양해서 여러 종류의 문제를 풀 수 있는 것이 좋다. 해설 부분도 중요한데 해설이 자세해서 혼자서도 공부할 수 있는 것으로 선택한다. 그리고 내가 끝까지 풀 수 있도록 문제 수가 적절한 것을 고르도록 한다.

원칙 8. 문제집 비교하는 법을 익힌다

문제집을 고를 때도 비교해 보고 골라야 한다. 문제집을 비교할 때는 기본서 비교하는 것과 마찬가지로 우선 같은 단원을 펴서 눈으로 풀어 봤을 때 모르는 문제가 30% 정도인지를 확인한다. 눈으로 봤을 때 풀이법이 대충 떠오르는 정도라면 아는 것으로 간주해도 무방하다. 그리고 전체 분량이 소화할 수 있을 정도인지를 확인한 다음 혼자서도 공부할 수 있도록 해설이 상세한 것으로 선택한다. 비슷하다면 그림이나 색감 등 디자인이 마음에 드는 것으로 선택하면 된다.

❷ 강의를 골라 보자

넘쳐나는 온·오프라인 강의. 주위 사람들의 얘기를 들어 보면 이 강의, 저 강의, 좋은 강의가 헤아릴 수 없이 많다. 이러한 정보들은 오히려 학생들을 헷갈리게 하는 요인으로 작용할 때가 많다. 다음 원칙들에 따라 강의를 골라 보도록 한다.

원칙 1. 강의를 들어야 하는 이유를 적어 본다

흔히 강의를 듣는 것에 대한 이유를 물어보면 "들으면 뭐라도 있지 않을까요? 안 듣는 거보다는 나을 거 같아요."라는 대답을 한다. 이렇게 해서는 본인에게 절대 도움이 되지 않는다. "왜 들어야 하는가?"라는 질문에 누가 들어도 고개를 끄덕일 만큼 명확하게 답할 수 있기 전까지는 강의를 선택하지 않도록 한다.

원칙 2. 자가 학습 시간을 확보한 후 선택한다

욕심내서 한 번에 많은 강의를 듣는 것은 금물이다. 간혹 "제가 실력이 부족해서 한 번에 신청해서 다 들으려고요."라고 하는 학생들이 있는데 이는 결코 바람직하지 않다. 강의를 들은 후 자기 것으로 만드는 과정을 거치지 않으면 절대 실력이 늘지 않는다. 강의에서 배운 내용을 스스로 복습하는 시간을 확보한 후 강의를 선택한다.

원칙 3. 꼭 필요한 것만 골라서 선택한다

학원이나 인강 사이트에 질질 끌려다니며 필요 없는 강의까지 듣지 말고 자기가 필요한 강의만 선택해서 듣도록 한다. 개념이 정리되지 않았다고 생각되면 기본 개념부터 단계적으로 정리해 주는 강의를 선택해야 하고 특정 단원에서 자꾸 펑크가 난다면 그 단원을 주제로 한 집중적 강의를 선택해 보자. 심화 개념이 필요하다면 심화 개념과 어려운 문제를 다루는 강의를 찾아야 하고 기출 문제 접근법을 알고 싶다면 기출 문제를 분석한 강의를 찾도록 한다. 학교 수업과 자기주도학습을 통해 혼자 할 수 있는 것은 굳이 강의를 들을 필요가 없다.

원칙 4. 맛보기 강의를 꼭 들어 본다

강의를 선택할 때 "유명 강사고 남들도 다 좋다니까 저도 그냥 들으려고요."라고 하는 학생들이 있는데 100명이 좋다고 해도 나에게 아니면 아니다. 다른 사람들에게 잘 맞아도 자신에게 잘 맞지 않으면 효과는 반감된다. 항상 자기 자신을 기준으로 생각해야 한다는 걸 명심하자. 맛보기 강의를 들어서 수업 방식이나 내용은 어떠한지, 수업의 난이도가 자기 수준에 맞는지, 지루해하지 않고 들을 만한지, 강사는 성실하게 수업을 하는지 잘 따져 보도록 하자.

원칙 5. 끝까지 들을 수 있는 강의를 고른다

강의 시간, 진행 날짜, 과제의 양이 적절한지 따져서 완강까지의 수강 계획을 미리 짜도록 한다. 듣다가 만 강의는 아무런 효과가 없을 뿐더러 풀다 말아 처치 곤란한 문제집만 남길 뿐이다.

05

계획을 짜야
공부가 시작된다

학습을 위한 출발점에서 가장 필요한 것은 수치적 목표와 이를 위한 계획 짜기다. 어떤 과목을 몇 점을 받고 몇 등 안에 들겠다는 수치적 목표가 우선일 것이며 이를 달성하기 위해서 구체적인 계획을 짜야 한다. 그리고 공부하고 싶을 때 계획을 짜는 게 아니라 계획을 짜야 공부하고 싶어진다.

❶ 책상에 앉자마자 공부를 시작할 수 있는 비법

우선 두 학생을 비교해 보자.

학생 A : (자습을 시작하자마자) 수학 30~36쪽, 피타고라스 정리 심화 개념 정리, 공식 정리까지 해야지.

학생 B : 아, 뭐 공부하지? A는 벌써 공부하고 있잖아. 나도 수학해 야지.

(15분 경과 후)

학생 A : 개념 정리까지 15분 걸렸네. 공식 증명까지 해야겠다.

학생 B : 수학은 이제 그만하고 영어 공부해야지.

(쉬는 시간에)

학생 A : 공식 증명이 생각보다 오래 걸리네. 이거 다 끝내고 5분만
　　　　쉬어야지.

학생 B : 어! 쉬는 시간이다. 그만해야지.

(자습을 마무리할 때)

학생 A : 수학 32~36쪽 개념, 공식 완료. 공식 증명은 어려우니 내
　　　　일 5분 복습!

학생 B : 오늘 영어, 수학 공부했다.

A양과 B양의 공부 모습의 차이는 무엇일까? 바로 공부 계획이 있
느냐, 없느냐의 차이다.

❷ 꿈을 이루는 힘, 일일 계획

일일 계획이란 하루 공부량을 시간 대비 분량으로 나누어 계획하
는 것을 말한다.

*스터디플래너에 계획을 적으면 좋은 점

- 기록으로 남긴 계획은 <u>스스로</u> 한 약속이기에 책임감을 가질 수 있다. 그렇게 내 의지의 증거로 활용할 수 있다.

- 자원을 효율적으로 활용할 수 있다. 목표를 이루기 위해 시간, 학습 도구, 조력자 등의 자원을 효율적으로 배치하여 사용할 수 있다.

- 셀프 리더를 적으면 무엇을, 어떻게 해야 할지 분명해지기 때문에 막연함의 두려움에서 벗어날 수 있으며 잡념 없이 공부할 수 있도록 도와준다.

- 나를 객관적으로 평가할 수 있게 된다. 국어 1단원 공부하면서 걸리는 시간을 계산한다든지, 가장 공부가 잘되는 시간을 파악한다든지, 수학 공부할 때 한 문제에 너무 집착한다든지 등 계획 실행을 되돌아보면서 내가 성취한 것, 나에게 부족한 것을 알 수 있게 된다.

- 목표를 잘 달성할 수 있게 된다. 계획은 목표를 달성하기 위한 과정이며 목표를 향한 한 발 한 발의 계획이 목표를 달성하게 하는 힘이라 할 수 있다.

공부 계획
스터디플래너 쓰는 법

❶ 스터디플래너 준비

스터디플래너 작성 전 알아야 할 사항을 살펴보자. 계획은 일일, 주간, 월간, 연간 계획의 4종류가 있다. 우선 일일 계획에서 주의할 점을 알아보자. 공부가 잘되는 시간에 취약 과목을 공부해야 한다. 과목과 교재 그리고 분량 단위로 계획을 짜되 문제 풀이 공부 시에는 문제당 시간을 시험 때와 같게 설정하고 문제 개수에 따라 공부 시간을 결정해야 한다. 중학생은 학기 중 하루 3시간, 고등학생은 하루 4~5시간이라는 최소 자기 공부 시간을 확보해야 한다. 현실적으로 학원에 많이 다니는 학생들의 공부 시간이 하루 2시간 미만임을 감안할 때 학원 강의 수강으로 소진하는 시간을 없애야만 제대로 된 일일 계획을 짤 수 있을 것이다.

주간 계획은 6일치를 짠다. 7일치 계획을 짜면 마음은 뿌듯하겠지만 실천은 불가능하다. 그 누구라도 일정 정도의 여유분 없이 계획을 짜면 실천이 어려워진다. 일요일에는 하루치를 다했을 경우 쉬고 못했을 경우 보충한다. 6일 계획은 보통 시험 준비 기간이 아닌 때를 가정할 때 '영수국/영수사/영수과/영수국/영수사/영수과'의 과목 배치를 하는 것이 고민을 더는 지름길이다. 중학생은 각각 1시간씩 하고 고등학생은 수학에 3시간, 나머지 과목에 1시간씩을 배치한다.

월간 계획은 주로 시험 대비 기간을 위해 짠다. 시험 전 4주차에는 평소의 영어, 수학 공부 패턴을 유지하되 시험 기간에 이 둘의 과목에 많은 시간이 소모되지 않도록 실력을 제대로 다져야 한다. 3주차에는 국영수 위주로 시험 대비 모드에 돌입한다. 교과서와 자습서, 문제집, 학교 수업 내용 위주로 공부한다는 뜻이다. 2주차에는 사회와 과학 계열 과목을 위주로 공부하되 국/영/수 과목에 부족한 부분이 있다면 보충하고 다 했다면 복습을 병행한다. 1주차는 두 부분으로 나눈다. 초기 3일은 그동안 못한 부분을 최종적으로 보충하는 기간이다. 나머지 4일은 시험 보는 과목들의 역순으로 공부하면서 마무리한다. 시험 기간에도 끝까지 최종 반복을 위한 벼락치기는 놓치지 않는다.

연간 계획은 주로 장기간에 걸쳐 이번 학기 또는 올해에 어떤 것을 주로 공부해야 하는지를 판단하는 것이다. 선행 학습을 해야 하는지, 후행 학습을 해야 하는지, 영어 문법은 언제까지 마무리해야 하는지 등 6개월에서 1년에 걸친 계획도 함께 있어야만 나중에 방향을 잃고 시행착오하는 것을 방지할 수 있다.

원칙 1. 일일 계획 세우는 것을 습관화한다

꼭 해야 하는 일은 일상 습관처럼 몸에 배게 하는 것이 가장 효과적이다. 양치질할 때마다 다리 운동을 한다든지, 아침에 일어나자마자 물을 마시는 것처럼 매일 규칙적으로 하다 보면 어느새 습관이 되어 있음을 느낄 것이다. 일일 계획 세우기 역시 매일 규칙적으로 정해진 시간에 실천하면 습관이 된다. 참고로 일일 계획 세우기는 그 전날 잠들기 전이나 그날 아침 등교하자마자 하는 것이 가장 적절하다.

원칙 2. 자신을 알고 계획을 세운다

'하루 6시간 학습, 수학 문제집 50쪽'처럼 내가 지키기 너무 어려운 계획은 나를 좌절하게 한다. 반대로 '하루 10분 학습, 수학 문제집 1쪽 풀기'처럼 내가 지키기 너무 쉬운 계획은 나를 성장하지 못하게 한다. 계획을 작성할 때는 자습할 수 있는 시간과 시간 대비 분량 등 현실적인 계획을 위한 고려 사항을 충분히 감안한 후 작성하는 것이 좋다. 학습 계획을 세울 때는 내 능력보다는 약간 빠듯하게 작성하고 꼭 달성하겠다는 각오로 작성한다. 참고로 약간 빠듯하다는 것은 내 능력의 120%를 계획으로 세우고 70% 이상 달성하겠다고 마음먹는 것을 말한다.

원칙 3. 구체적으로 세운다

'20○○년 ○○월 목표, 수학 공부 열심히 하기!'

이렇듯 막연한 계획은 그 막연함의 틈바구니 사이로 온갖 핑계와 예외 사항들이 끼어들게 마련이다. 계획은 구체적일수록 실천력이 높아짐을 기억해 두자. 구체적인 계획에는 실행 기간과 마감 기한에 해당하는 '언제'와 공부할 과목과 교재, 소단원, 책 페이지에 해당하는 '무엇을', 구체적인 공부 방법에 해당하는 '어떻게'가 분명히 드러나게 작성해야 한다.

원칙 4. 시간 단위가 아니라 분량 단위로 세운다

흔히들 계획표를 작성하라고 하면 동그란 원을 그린 다음 피자를 자르듯 시간 단위로 계획을 작성하는 경우가 많다. 그러나 인간은 시간을 통제할 수 없기에 시간 단위보다는 분 단위 계획을 세우는 것이 좋다. 가령, 내가 언어 영역을 공부하기로 한 8:10~9:00 사이에 예상치 못했던 친척분이 찾아오셔서 공부를 못했다거나, 수리 영역을 공부하기로 한 시간에 한 문제에 막혀 그 문제밖에 풀지 못했다거나 하는 경우가 발생할 수 있다. 그런 계획보다는 '국어 1단원 개념 정리하기(교과서 30~40쪽) – 30분 소요'처럼 해야 할 일의 구체적 분량과 걸리는 시간이 드러난 계획표가 훨씬 효과적이라 하겠다.

원칙 5. 우선순위를 생각하여 세운다

이 부분은 말 그대로 우선순위를 생각해야 하는 부분이다. 많은 학생들이 우선순위 정하는 것을 힘들어하는 경우가 있다. 무엇이 가장 중요한지, 가장 먼저 해야 할 것은 무엇인지를 생각하여 계획을 세워야 한다. 보통 취약 과목, 주요 과목 중심으로 우선순위를 정하거나 할 일을 시간 매트릭스에 넣어 본 후 우선순위를 정할 수도 있다. 참고로 시간 매트릭스란 1순위에 시급하고 중요한 일, 2순위에 중요하지만 급하지 않은 일, 3순위에 급하지만 중요하지 않은 일, 4순위에 중요하지도 않고 급하지도 않은 일을 두는 것을 말한다.

원칙 6. 미룬 일은 반드시 돌아온다는 것을 명심한다

'하기 싫은데 내일 하지, 뭐. 괜찮을 거야.'라고 생각했던 일이 나중에 나의 발등을 찍었던 경험이 있을 것이다. 지금 내가 하기 싫다고 미룬 것은 언젠가 부메랑이 되어 다시 돌아온다. 일을 미루지 않으려면 좋아하는 일과 좋아하지 않는 일을 섞어서 계획을 세우는 것이 필요하고 항상 'Do It Now!' 'Just Do It!'을 되새기도록 한다.

원칙 7. 버퍼 시간을 마련한다

자동차에도 4개 타이어 외에 스페어타이어가 있듯이 계획을 작성할 때 구멍난 내 계획을 메워 줄 스페어타임을 계획해야 한다. 특별한 사유로 인해 계획이 지켜지지 못할 것을 대비해 미리 만들어 놓는 시간을 버퍼 시간이라 하는데 앞서 말한 것처럼 버퍼 시간은 계획이 흐트러지는 것을 막아 준다. 보통 버퍼 시간을 주말에 가지는 경우가 많은데 그렇다고 해서 꼭 주말일 필요는 없고 자신의 상황에 맞게 설정하면 된다. 버퍼 시간에는 밀린 내용을 보충하거나 밀린 내용이 없을 때는 한 주간 공부한 내용을 돌아보는 것으로 활용하면 되겠다.

원칙 8. 계획 중독증을 경계한다

계획 없이 무작정 공부하는 것도 위험하지만 그것보다 더 위험한 것은 매일 계획 세우는 데 많은 시간을 허비하는 것이다. 계획은 그 시간에 할 일만 분명히 알려 주면 되는 것이므로 계획하는 데 불필요한 시간과 힘을 낭비하지 않도록 하자. 계획 작성 시간은 5~10분이면 충분하다.

원칙 9. 매일 하루를 반성한다

현재보다 더 나은 나를 위해서는 오늘 하루를 어떻게 보냈는지 나를 되돌아보는 시간이 필요하다. 계획표를 보며 나의 하루 공부를 평가하는 것이다. 객관적 평가로는 계획을 얼마나 수행했는지, 계획에 문제는 없었는지를 파악하는 것이 있고 주관적 평가로는 적극적으로 계획에 임했는지와 같은 마음가짐에 대한 평가를 한다. 평가할 때 주의할 것은 100% 달성하지 못했다고 좌절하지 말고 점점 나아질 것이라는 긍정적인 마인드를 갖는 게 필요하다.

원칙 10. 주변에 알린다

자신의 결심을 말로 다짐하여 주변에 알리면 주변의 협조를 받을 수 있을 뿐만 아니라 책임감을 가지고 계획을 실천할 수 있다. "나 7시부터 10시까지 공부할 거야."라고 가족이나 친구, 학습을 도와주는 사람들에게 알려 나의 계획에 대해 주변 사람들의 검증과 관심을 받아 보자.

❷ 스터디플래너 실전

단계 1. 해야 할 일 리스트 만들기

해야 할 일들을 모두 나열하여 리스트를 만들도록 한다. '오늘 해야 할 공부란'은 오늘 공부할 수 있는 시간을 고려하여 적는다. '오늘 해야 할 숙제란'은 말 그대로 숙제 및 수행 평가를 적고 '공부 외의 할 일'도 모두 적는다.

단계 2. 우선순위 정하기

해야 할 일 리스트에 우선순위를 정해 '중요란'에 기입한다. 중요도는 앞서 얘기한 시간 매트릭스를 활용하면 쉽게 적을 수 있다.

단계 3. 시간 배분하기

그날 예정되어 있는 스케줄, 즉 학교, 학원, 식사, 수면 시간 등 미리 배분되어야 하는 계획들을 우선 적는다. 그 후 남는 시간을 개인 공부 시간으로 설정하고 소요 시간만큼 칸을 나누어 해야 할 일의 계획을 세운다. 참고로 집중이 잘되는 시간대에는 성적이 잘 나오지 않는 과목이나 주요 과목을 배분하고 집중이 잘 안되는 시간대에는 과제가 쉽거나 본인이 흥미 있어 하는 과목을 배분한다.

단계 4. 실행하기

자기 자신과의 약속은 반드시 실행한다는 마음가짐으로 밀고 나가며 계획에 대한 성취도를 표시한다.

단계 5. 평가하기

목표 달성률과 느낌을 쓰면서 하루 동안의 공부를 평가한다.

❸ 학습 계획 예시

*주간 계획

고등부 학생의 경우 계획의 중심은 주간 계획에 있다. 계획하는 시간 단위가 너무 길면 계획의 구체성이 결여되어 자신을 통제할 수 있는 힘이 떨어지고 반면 너무 짧아지면 효율적으로 자신의 시간을 분배할 수 있는 여지가 줄어들어 학습이 유기적으로 연결되지 못하는 경우가 생긴다. 따라서 상위 계획인 포트폴리오, 텀 스케줄러를 본인에게 주어진 시간에 주도적으로 분배하여 학습 일관성을 유지하기 위해서는 주간 학습 단위가 필수적이다.

3 학년 / 1 학기 6 월 4 주

월			화			수			목			금			토			일		
학교공부 (예습, 복습, 과제)			학교공부 (예습, 복습, 과제)			학교공부 (예습, 복습, 과제)			학교공부 (예습, 복습, 과제)			학교공부 (예습, 복습, 과제)			학교공부 (예습, 복습, 과제)			학교공부 (예습, 복습, 과제)		
나만의 공부			나만의 공부			나만의 공부			나만의 공부			나만의 공부			나만의 공부			나만의 공부		
과목	교재	분량	과목	교재	분량	과목	교재	분량	과목	교재	분량	과목	교재	분량	과목	교재	분량	과목	교재	분량
Delay + 추가계획			Delay + 추가계획			Delay + 추가계획			Delay + 추가계획			Delay + 추가계획			Delay + 추가계획			Delay + 추가계획		

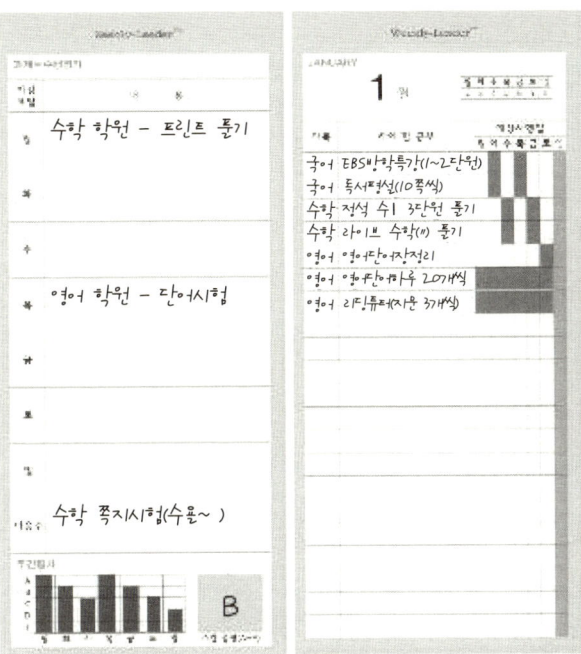

- Weekly-Leader의 앞면은 한 주의 할 일과 예상 시행일을 기록
  하여 매일의 계획을 세울 때 반영할 수 있도록 하였다. 예상 시
  행일은 팀 스케줄러를 바탕으로 체크해야 한다.
- Weekly-Leader의 뒷면에는 과제 및 수행 평가를 기록해 두는
  란이 있어 미리미리 대비할 수 있도록 하였으며 '주간 평가'에
  는 Daily-Leader의 Daily-Grade를 옮겨 기록하고 평균을 내어
  봄으로써 한 주간을 얼마나 충실하게 보냈는가를 평가하고 반
  성할 수 있다.

*일일 계획

매일을 계획하고 반성하는 과정을 통해 자연스럽게 자신의 시간을 효율적으로 사용하는 방법을 익힐 수 있다. 식사, 이동 시간, 취침 등 공부 외의 할 일 역시 기록해 두어 그날의 시간 계획을 주도적으로 어떻게 배분하며 사용할지를 결정한다.

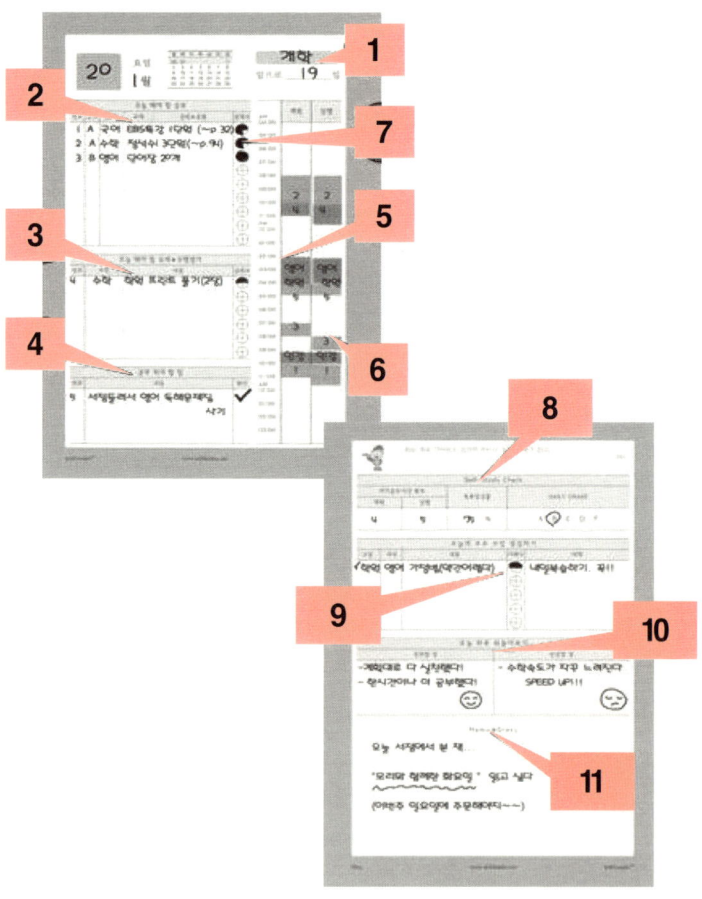

- 1번 항목인 D-day는 당면한 시험이나 중요한 일정 등 준비하고 있는 일들이 며칠이나 남았는지 기록함으로써 잊지 말고 준비해야 함을 한 번 더 상기할 수 있다.

- 2번 항목에는 텀 스케줄러나 주간 계획표에 있는 학습 계획에 오늘 투입할 수 있는 시간들을 고려하여 학습 계획을 세운다. 중요도에 따라 학습 계획에 우선순위를 두어 반드시 달성할 수 있도록 하며 본인이 취약한 과목일수록 중요도를 높게 두도록 한다. 단원 및 분량은 반드시 페이지, 단원, 문제 번호 등 세부적 범위로 나타내야 한다.

- 3번 항목은 그날 꼭 해야 될 학교나 학원의 숙제, 수행 평가를 기록하여 적는다.

- 4번 항목은 공부 외의 개인적인 할 일이나 약속 역시 기록해 두고 그날의 시간 계획에 포함시킨다.

- 5번 항목은 '계획란'으로 그날 해야 할 일들의 소요 시간을 고려하여 하루 24시간을 어떻게 적절히 배분하고 사용할지를 결정한다. 그날 예정되어 있는 스케줄(식사, 수면 시간, 학교 수업, 과외, 학원 등)을 기록해 두고 남은 시간을 '개인 공부 시간'으로 설정하여 오늘 해야 할 공부를 소요 시간만큼 칸을 나누어 번호를 적고 계획을 세운다.

- 6번 항목은 '실행란'으로 오늘 실제로 시간을 어떻게 사용했는가를 각 항목을 마칠 때마다 주기적으로 표시하는 것이다. '계획'과 '실행'의 비교를 통해 계획한 대로 시간을 활용했는지 체

크할 수 있다.

- 7번 항목은 '성취도 평가란'으로 계획한 학습을 어느 정도 달성했는지 표시한다. 원의 한 조각이 25% 정도라고 생각하고 표시하면 된다. 성취도는 공부의 양과 질을 모두 고려하여 표시해야 한다.

- 8번 항목인 'Self-Study Check'는 하루 동안의 공부를 평가하는 곳이다. 오늘 자기 공부 시간을 계획한 대로 확보했는지 실제 자기 공부 시간과 비교해 본다. 오늘 세운 학습 목표는 어느 정도 달성했는지 본인 스스로 측정해 보고 Daily Grade란에는 오늘 하루 학습 계획과 실행에 대한 전체적인 만족도를 평가해 본다.

- 9번 항목인 '오늘의 주요 수업 점검하기'를 통해 그날의 중요한 수업에 대해 점검해 본다. 하루 동안 배운 수업의 이해도를 기록하고 만약 부족하다면 대책란에 복습 계획을 세워 그날의 중요한 수업 내용을 완벽하게 익힐 수 있도록 한다.

- 10번 항목인 '오늘 하루 되돌아보기'에는 스스로 그날의 칭찬할 점과 반성할 점을 적어 본다.

- 11번 항목인 'Memo/Diary'에는 메모나 일기 등을 쓴다. 오늘 공부한 핵심 내용들을 한번 정리해 보는 것도 좋은 활용법이라고 할 수 있다.

07

중장기 계획이 있어야
공부에 균형을 잡는다

❶ 멀리 보는 새가 높이 난다

한번 상상해 보자. 높은 산을 오르는데 오로지 발끝만 보고 올라야 한다면 여러분은 어떤 기분일까? 망망대해를 노 저어 가는데 항구가 어디 있는지 모른다면 어떨까? 아마도 가는 것이 무의미하게 느껴지거나, 끝없는 막막함에 쉽게 지치거나, 어디로 가야 하는지 알 수 없을 것이다. 더 최악의 상황은 열심히 가서 어느 곳에 도달했는데 그곳이 목적지가 아니란 걸 깨달았을 때 우리는 좌절할 수밖에 없을 것이다. 새가 높이 날 수 있는 이유는 멀리 볼 수 있기 때문이다. 이와 같은 맥락에서 공부를 함에 있어 중장기 계획이 필요한 것이다.

❷ 공부 망원경 : 중장기 계획

그럼 중장기 계획을 작성하면 무엇이 좋을까? 우선 나의 현실을 파악할 수 있다. 공부할 것과 남은 시간을 한눈에 볼 수 있기 때문에 현실을 파악한 후 긴장감을 가지고 공부에 임할 수 있다. 게다가 앞으로 무엇을 공부해야 할지 명확해진다. 새 학기가 시작하면 중간고사를 목표로, 중간고사가 끝나면 기말고사를 목표로…… 이렇게 눈앞에 닥친 시험을 목표로 삼는 것을 졸업할 때까지 반복하는 경우가 있다. 이 경우 시험이 끝나면 뭘 해야 할지 방향성을 잃고 다음 시험 준비를 시작할 때까지 시간을 헛되이 보내게 된다. 장기 목표를 설정하면 내가 이 시기에 무엇을 해야 하는지 명확하게 볼 수 있어 1년을 알차게 보낼 수 있다.

다음으로 중장기 계획을 세우게 되면 내가 반드시 전력을 다해 공부해야 하는 시기와 조금은 여유를 가지고 공부할 수 있는 시기를 구분할 수 있게 된다. 이렇듯 최종 목표를 향한 전체 그림과 공부 흐름의 중간 지표를 볼 수 있어 페이스 조절이 가능해진다. 또한, 공부의 균형 잡힌 그림을 그릴 수 있다. 예를 들어 부족한 과목을 위해 1년 내내 공부해서 자신이 원하는 만큼의 성과를 얻었으나 다른 과목에서 성적 하락을 막지 못해 좌절하는 경우가 있다. 중장기 계획은 그런 면에서 과목 간 균형을 유지할 수 있도록 도와준다. 일일, 주간 계획과 같은 단기 목표는 나의 성장이나 변화와 연결짓기 어렵지만 중장기 목표는 이것을 실천했을 때 성장하고 변화할 나의 모습을 바로 연결지어 생각할 수 있기 때문에 공부에 의욕을 가지게 된다.

08

중장기 계획
세우는 방법

❶ 장기 계획을 세워 보자

장기 계획(포트폴리오)이란 학기, 학년, 입시 등 6개월 이상 분량의 주 단위 학습 계획을 말한다. 지금부터 장기 계획을 세워 보도록 하자.

단계 1. 학사 일정을 파악하고 그 학사 일정을 바탕으로 큰 틀을 잡는다

중간고사, 기말고사, 여름 방학, 겨울 방학과 그 외의 학교 주요 행사, 휴일은 언제인지 연간 일정을 파악한다. 그렇게 파악된 내용을 크게 학기 중, 시험 기간, 방학으로 나누어 큰 틀에 기입한다.

단계 2. 교재를 선택한다

나의 성적대와 일일 학습량을 고려하여 목표, 전략에 맞게(기반, 보충, 내신, 선행) 적절한 수의 교재를 선택한다. 일반적으로 교재의 선택은 기본서 및 개념 정리 교재 1권과 문제 풀이 교재 n권을 기준으로 한다.

단계 3. 공부 기간과 순서를 정한다

과목들 간의 균형, 우선순위와 실현 가능성을 고려하여 과목별, 교재별 공부 기간과 순서를 정하여 표시한다. 예를 들어 '개념서는 ○○월 ○○주차부터 ○○월 ○○주차까지 끝내고 문제집 A는 ○○월 ○○주차부터 ○○월 ○○주차까지 진행한다'라는 식으로 차례대로 정리한다.

❷ 중기 계획을 세워 보자

중기 계획(텀 스케줄러)이란 시험, 방학 대비 등 1~2개월 분량의 일 단위 학습 계획을 말한다. 지금부터 텀 스케줄러를 작성해 보자.

단계 1. 현재 시기를 파악한다

각 시기에 따라 학습법이나 교재 선정을 달리하기 때문에 현재 학사 일정의 진행이 1학기 중간고사 준비 기간인지, 기말고사 준비 기간인지, 아니면 방학 기간인지 파악해야 한다.

단계 2. 주어진 기간의 목표를 명확히 한다

중기 계획으로 주어진 시간 동안 달성해야 할 목표를 명확히 해야 한다. 예를 들어 '중간고사 수학 90점 이상 받기, 여름 방학 동안 그래머 존 기초편 완독하기, 겨울 방학 동안 중2 수학 교과서로 1회독 복습하기' 등 최대한 명확한 목표를 정한다.

단계 3. 정해진 시간 동안 공부할 교재를 모두 적는다

교과서, 자습서, 기본서, 문제집, 기출 문제, 프린트물 등 주어진 시간 동안 공부할 모든 교재를 쭉 적어 넣는다.

단계 4. 요일별 자가 학습 시간을 적는다

학교, 학습, 과외 등을 제외한 실제 자가 학습 시간을 계산하여 적는다.

단계 5. 과목별, 요일별 원칙을 세운다

취약 과목과 전략 과목의 균형을 맞추었는지, 과목별 학습량의 균형을 맞추었는지, 학교 진도를 고려하였는지 등을 파악하여 과목별, 요일별 원칙을 세운다. 예를 들어 '월수금은 수학, 화목토는 영어를 공부한다' '사회, 과학은 학교 수업이 있는 날 공부한다' '영어 단어는 매일 20개씩 외운다' 등 학습의 원칙을 세운다.

단계 6. 과목과 분량을 요일별로 배정한다

공부할 과목과 교재의 분량을 학습 시간에 맞춰 요일별로 배정한다. 각각의 칸에는 소단원 또는 쪽수를 적어 공부할 내용을 명확히 한다.

단계 7. 버퍼 데이를 넣는다

특별한 사유로 인해 계획이 지켜지지 못할 것을 대비하여 주말

등에 버퍼 데이를 만들어 준다.

❸ 실전 중장기 계획을 세워 보자

*포트폴리오 Portfolio

자기주도학습을 실현하는 학생은 학습 목표와 그 목표를 실현하기 위한 구체적인 방법들을 가지고 있어야 하는데 포트폴리오는 중장기적 안목을 나타내기 위한 학습 계획표다.

• 포트폴리오 구성 기간

보통 포트폴리오는 상반기 새 학기 3월부터~여름 방학까지, 하반기 2학기 9월부터~겨울 방학까지로 1년에 2회로 나누어 구성하나 특목고 입시나 수능의 경우 1년 이상을 내다보고 작성하기도 한다.

• 포트폴리오 구성 요소

- 강의(학원, 과외, 인터넷 강의)에 대한 선택
- 교재 선택
- 학습량 배분
- 학습 기간

중1 학습 포트폴리오

*텀 스케줄러 Term-Scheduler

포트폴리오의 학습 계획에 바탕을 둔 하위 계획으로 학습 과목과 학습량을 세부적인 표로 시각화하여 현재 공부하는 학습 진행 상황을 객관적으로 쉽게 인지할 수 있도록 만들어진 학습 계획표다.

● 텀 스케줄러 구성 기간

효율적인 계획을 구성하기 위해 학교의 학사 일정에 맞추어 기간을 설정하여 작성한다.

- 3월 새 학기~1학기 중간고사
- 1학기 중간고사 이후~1학기 기말고사
- 1학기 기말고사 이후~여름 방학

학습 팀 스케줄러

월	10월																			11월	
요일	월	화	수	목	금	토	일	월	화	수	목	금	토	일	월	화	수	목	금	토	일
일	13	14	15	16	17	18	19	20	21	22	23	24	25	26	27	28	29	30	31	1	2
주차			5							6							7				

- 9월 새 학기~2학기 중간고사

- 2학기 중간고사 이후~2학기 기말고사

- 2학기 기말고사 이후~겨울 방학

● **텀 스케줄러 구성 요소**

- 교재

- 분량

- 버퍼 데이(Buffer Day) : 버퍼 데이란 밀린 학습이라든지 보충이
  필요한 학습만을 하는 날을 말한다. 100% 목표 달성을 위해 최

선의 노력을 한다고 하더라도 학습 계획이 조금씩 밀리는 경우
가 생긴다. 또한 한번 밀리게 되면 눈덩이처럼 밀리는 양이 많아
져 나중에는 포기하게 된다. 이런 점을 방지하기 위해서 1주일에
1~2일을 버퍼 데이로 정해 밀린 학습을 해소하도록 한다.

- 수행도 평가 : 각 항목을 끝낸 후 본인만의 객관적 기준을 정하
여 공부한 내용에 대한 만족감을 수치로 평가한다. 점수 평가에
대한 기준은 상황에 따라 달라지는 것이 아니므로 매사에 스스
로 공정하게 평가하도록 한다. 그래서 수행도 평가가 낮은 부분
은 추가 학습을 통하여 미진한 학습을 보충할 수 있도록 한다.

Study

3부
학습 방법

이해하고(개념 설명 – Comprehend), 사고하고(숨은 의미 해설 – tHink), 정리하고(내용 요약, 정리 – Arrange), 암기하여(암기 확인 문제 – Memorize), 문제에 적용하는 것(응용 문제 풀이 – Problem solving)이 바로 CHAMP의 핵심이며 공부의 비법이다. CHAMP 학습 흐름은 '이해–사고–정리–암기–문제 해결'의 제대로 된 학습 과정을 말한다.

1장

개깔

01

공부의 정석
CHAMP 학습법

　과목을 막론하고 공통으로 적용되는 5개의 원칙이 있다. 바로 '이해하기-사고하기-정리하기-암기하기-문제 해결하기'다. 이해하기는 내용이 무엇을 말하는지 받아들이는 과정이고 사고하기는 받아들인 내용을 표현할 수 있을 정도로 구조화하는 것이다. 정리하기는 이해와 사고 과정을 거친 정보를 조직화해서 시간이 지나도 내용을 파악할 수 있으며 단계가 올라갈수록 앞뒤가 연결되어 적층되는 과정이다. 암기하기는 말 그대로 정리된 내용을 머릿속에 집어넣어 언제든 꺼낼 수 있도록 하는 것이다. 문제 해결은 이해, 사고, 정리, 암기된 내용을 바탕으로 문제를 해결하여 수동적 자기 평가를 수행하는 것이다.

　이 중에서 요새 학생들이 지나친 학원 교육에 젖어들면서 기피하는 분야가 이해와 사고이고 반복 트레이닝 하는 분야가 정리, 암기, 문제 해결이다. 이해와 사고 부분은 학교 교육에서 가장 많이 다룬다고 해도 과언이 아닌데 이런 과정을 등한시하고 문제 풀고 외우는 데에만 집착해서 득점하려고 한다. 당장의 시험 점수로 판단하는 학부모의 욕구에만 민감하게 반응하여 성장한 학원 교육의 문제점이라 할 수 있을 것이다. 심지어 일차함수가 무엇인지는 한마디도 설명하지 못하면서 일차함수 문제는 곧잘 푼다. 비단 수학만의 문제가 아니고 전 과목들에 대한 공부 태도가 이해, 사고는 어렵고 복잡하며 당장 문제 푸는 데 필요 없으니 대충하고 열심히 외워서 문제집만 푸는 모습이다. 이것은 초등·중학생 시절과 같이 저학년 때는 일견 통하는 듯 보일 수도 있다. 배우는 내용이 광범위하지 않고 문제 유형이 제한적이기 때문이다. 그러나 수준이 높아지고 내용이 많아지고 문제 유형이 다양화되며 높은 사고력을 기반으로 문제를 풀도록 요구하는 고등학교 학습에서는 더 이상 먹히지 않는다. 그래서 '학원 교육은 중학교까지'라는 말이 많다. 이제부터라도 내용에 대한 이해와 사고 쪽에 좀 더 시간을 투자해서 5가지 요소가 조화를 이루는 공부를 하자. 대학 입시는 중학교 성적으로 결정되는 것이 아니라 고등학교 성적으로 결정된다.

❶ 공부의 정석, CHAMP

"공부 어떻게 해요?"

공부를 좀 하려는 학생들이라면 한 번쯤 해 봤을 만한 고민이다. "양으로 승부해. 무조건 문제를 많이 풀어." "이 문제집 적중률이 최고야." "교과서만 봐. 거기에 답이 있어." "노트 정리를 해 봐." 등 수많은 조언들에 수시로 마음이 흔들렸을 것이다. 그래서 스파르타식 기숙 학원도 다녀 보고 전교 1등 친구의 노트를 빌려 필기도 해 보

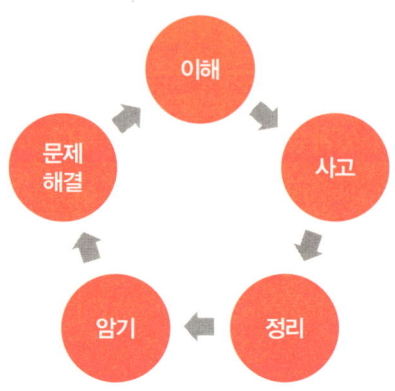

고 서점에 있는 문제집을 다 풀어 버리겠다는 각오로 많은 문제도 풀어 봤을 거다. 그런데 결과는 어떤가? 만족할 만한 성과가 있었나? 앞서 얘기한 방법들로 잠깐은 반짝할 만한 성과를 낼 수 있다. 그러나 이러한 방법들은 학년이 올라가 내용이 어려워지고 양이 많아지면 빛을 못 본다. 진짜 제대로 된 공부의 비법은 무엇일까? 문제집의 구성을 살펴보면서 공부의 비법을 찾아보자.

문제집을 보면 구성이 거의 같다는 것을 알 수 있다. 문제집에는 '1. 개념 설명이 있고 2. 숨은 의미에 대한 해설이 있고 3. 내용 요약, 정리가 있고 4. 학습 내용을 암기하여 푸는 확인 문제가 있고 5. 학습한 내용을 적용하여 푸는 응용 문제'가 있다. 그렇다면 왜 문제집은 모두 이러한 구성으로 만들어질까? 그건 바로 그 구성이 공부의 정석이기 때문이다. 이해하고(개념 설명 - Comprehend), 사고하고(숨은 의미 해설 - tHink), 정리하고(내용 요약, 정리 - Arrange), 암기하여(암기 확인 문제 - Memorize), 문제에 적용하는 것(응용 문제 풀이 -

Problem solving)이 바로 CHAMP의 핵심이며 공부의 비법이라 하겠다. CHAMP 학습 흐름이란 '이해-사고-정리-암기-문제 해결'의 제대로 된 학습 과정을 말하는 것이다.

❷ CHAMP의 기적

다음 전화번호를 한 번씩만 소리 내어 읽어 보자. 이삿짐센터 전화번호-8224(빨리 이사해 드립니다.), 오리 전문 음식점 전화번호-5292(오리 구이), 벼룩시장 신문 전화번호-4989(무엇이든 사고팝니다.), 금융업체 전화번호-1082(10분 안에 빨리 대출해 드립니다.), 피자 가게 전화번호-3082(30분 안에 빨리 배달해 드립니다.) 그럼 이것을 보지 않고 기억을 떠올려 보자. 오리 전문 음식점 전화번호는? 이삿짐센터 전화번호는? 전화번호를 쉽게 떠올릴 수 있다. 전화번호를 왜 기억하고 있을까? 무엇이든 그 의미를 알고 기억하면 쉽게 떠올릴 수 있고 필요할 때 쉽게 꺼낼 수 있다. 나도 모르는 사이에 내 머릿속에 지식의 흔적이 남아 있는 경우라 하겠다.

CHAMP 학습법을 활용하면 지식을 마음껏 응용할 수 있다는 장점이 있다. 흔히 공부를 열심히 한 학생 중에 "필수 예제, 유제 풀이는 쉬운데 조금만 응용돼도 너무 어려워 금방 포기하게 돼요.""내신 시험은 어느 정도 성적이 나오는데 모의고사만 보면 하위권 성적이 나와요.""문제가 단원 순서대로 나올 때는 풀겠는데 단원이 섞이면 손도 못 대겠어요."라고 호소하는 학생들을 자주 접한다. 이러한 고민의 원인은 공식만 암기하고 바로 쉬운 문제를 골라 풀었거나, 사고하고 응용하는 공부는 안 하고 문제만 외워서 풀었거나, 여러 단원의 개념을 통합하는 공부를 하지 않았기 때문이다. 이러한 고민을 해결하기 위해서는 CHAMP 학습 흐름을 따르는 공부가 필요하다. CHAMP 학습 흐름을 따르는 공부란 학습 내용을 깊이 파고들어 원리를 알게 하고 학습 내용의 앞뒤 단원의 연관성을 알고 통합하게 하는 공부라 할 수 있다. 학습 내용의 원리를 알고 통합해서 넓게 보면 핵심 개념을 찾아낼 수 있는 눈이 생겨 공부한 내용을 마음껏 응용하여 활용할 수 있게 된다.

CHAMP 학습 흐름을 따라 공부해야 마지막에 웃을 수 있다. '토끼와 거북이의 경주' 이야기를 알고 있다면 무슨 뜻인지 쉽게 이해가 되리라 생각한다. 얼핏 보기엔 더디고 답답해 보일 수 있지만 한 발 한 발, 차근차근 단계에 맞춰 정석대로 가는 것이 목표점에 가장 빨리 도달할 수 있는 방법이다. 절대 요행을 바라지 않도록 하자.

CHAMP 학습법의
구체적 방법론

❶ CHAMP 학습 흐름 알아보기

그림 그릴 때 채색에 단계가 있고 화장할 때도 단계가 있듯이 학습에도 단계가 있다. 공부 내용을 가장 쉽게 내 것으로 만드는 단계가 CHAMP다. 지금부터 CHAMP 학습 흐름을 알아보자.

단계 1. Comprehend(이해)

이 단계는 학습 흐름을 따라 공부하기에서 가장 첫 번째로 해야 하는 단계다. 즉, 학습의 출발점인 것이다. 이 단계를 진행하기 위해 꼭 해야 할 일은 '한자로 된 용어의 정확한 뜻 파악하기, 충분한 시간을 투자하여 개념 설명 부분 학습하기, 용어나 정의가 익숙해지도록 사용된 예 알아 두기, 스스로 설명할 수 있도록 충분히 숙지하기' 등이 있다. 용어의 뜻을 정확히 파악하기 위해서는 우선 교과서를 자세히 읽고 내용을 이해한 다음 이해한 내용을 정리하여 뜻을 파악한다. 그런 다음 이해한 내용을 활용하여 익숙해지도록 한다. 예를 들어 집합 단원을 공부한다고 했을 때 교과서의 집합 단원에 대한 설명 부분을 자세히 읽는다. 내용 중에 유한집합, 무한집합, 공집합에 대한 설명이 나오면 그 부분에 밑줄을 긋고 따로 정리하여 둔다. 그런 다음 "A={1, 2, 3}은 원소의 개수가 3개로 셀 수 있으니까 유한집합이군."처럼 익숙해질 때까지 연습해 둔다.

단계 2. Think(사고)

사고 단계는 주어진 내용에 대해 '왜?'라는 질문을 던지고 그 답을 찾아보는 단계로서 능동적 학습의 단계라 하겠다. 사고하기 위해서 꼭 해야 할 일은 '왜?'라는 비판적 자세로 공부하며 하나의 개념에 깊이 파고드는 공부를 하는 것이다. 제시된 답을 보지 않고 먼저 고민해 보고 스스로 설명할 수 있을 때까지 충분히 숙지하는 단계다.

단계 3. Arrange(정리)

정리 단계는 전체를 바라보는 시각을 기르는 단계다. 유기화, 체계화를 통해 배우고 익힌 내용을 일목요연하게 배열하는 과정이 필요하다. 이 단계를 위해 꼭 필요한 것은 목차를 확인하며 주기적으로 공부한 것들을 되돌아보고 방대한 내용을 압축하는 노트나 단권화된 자료를 만드는 것이다.

단계 4. Memorize(암기)

암기 단계는 학습한 내용의 자리 굳히기라고 하겠다. 아무런 자료가 없는 상태에서도 스스로 공부한 내용을 끄집어낼 수 있도록 외우는 단계다. 암기하기 위해서 꼭 필요한 것은 우선 암기할 내용이 무엇인지 파악하고 이해와 사고 단계를 바탕으로 암기하는 일이다. 자신만의 효율적인 암기법(스토리 만들기, 두문자 암기, 노래로 암기 등)을 활용하여 암기한 다음 암기한 내용을 백지 테스트, 설명해 보기 등으로 확인해야 한다.

단계 5. Problem solving(문제 해결)

문제 해결 단계는 실질적인 문제 해결의 단계며 내 모든 것을 쏟아내는 단계다. 문제 해결을 위해 꼭 필요한 것들은 다음과 같다. 우선, 문제의 포인트를 찾아 문제를 이해하고 해결 계획을 세운다. 해결 계획에 따라 문제를 해결하고 검토한 후 한 개념에 대한 다양한 문제를 해결해 본다. 그러고 나서 모르는 문제나 틀린 문제에 대해 확실하게 알고 넘어가는 과정이 필요하다.

❷ 과목별 CHAMP 학습 흐름

국어 공부를 수학 공부하듯 공부하고 영어 공부를 사회 공부하듯 공부해도 과연 괜찮을까? 어떤 학습이든 CHAMP 학습 흐름을 따라 공부해야 하지만 같은 방법을 따르는 것은 아니다. 즉, 학습하는 내용에 따라 CHAMP 학습 흐름을 따르는 방법이 달라진다.

• 국어 CHAMP 학습

C(이해) : 글의 갈래와 그에 따른 특징을 파악하고 용어와 어휘의

뜻을 파악한다.

H(사고) : 글의 주제와 단락별 중심 내용을 찾으며 지문의 세부적 특징 및 표현 방법 등 내용을 분석한다.

A(정리) : 앞선 두 단계(C, H)의 학습 내용을 교과서에 정돈하고 보충 내용도 교과서에 옮겨 정돈한다.

M(암기) : 중요 암기 사항을 선별하여 암기한다.

P(문제 해결) : 앞선 네 단계(C, H, A, M)의 학습 내용을 적용하여 문제를 해결하고 문제 되돌아보기를 하여 마무리한다.

• 영어 CHAMP 학습

C(이해) : 용어의 한자어 뜻과 영어 단어 뜻을 파악한다.

H(사고) : 끊어 읽기와 직독 직해를 활용하여 구문 하나하나를 꼼꼼히 분석한다.

A(정리) : 문법의 내용을 도식화하고 문법 노트 만들기, 영어 단어장 만들기 등 나만의 자료를 만든다.

M(암기) : 문법 사항을 C, H 단계에 맞춰 암기하고 단어, 숙어 등도 백지 테스트를 통해 암기한다.

P(문제 해결) : 문법, 어휘, 독해 스킬을 문제에 적용하여 풀어 본다.

• 수학 CHAMP 학습

C(이해) : 용어의 정의와 기호의 뜻을 파악하고 이들을 사용해서 익숙해지도록 한다.

H(사고) : 성질이나 법칙, 정리를 증명하고 공식을 스스로 유도해 본다.

A(정리) : 목차를 보며 단원 간의 연계성을 파악하고 풀이할 때 풀이 과정을 정돈하여 풀어 보며 오답을 정리한다.

M(암기) : 중요 사항을 C, H 단계에 맞춰 암기하고 문제 풀이 과정을 암기한다.

P(문제 해결) : 문제를 이해하고 문제 풀이 아이디어를 적어 보면서 실전처럼 문제를 풀어 본다. 문제 되돌아보기를 하여 마무리한다.

• 사회 CHAMP 학습

C(이해) : 용어의 뜻을 파악하여 용어가 사용된 사례를 만들고 기본 개념을 파악한다.

H(사고) : 사회 현상과 원인에 대해 파악한다. 학습 목표, 그림, 도표, 지도를 본문과 연관지어 학습한다.

A(정리) : 기본서를 단권화하는 작업이 필요하며 서브 노트와 오답 정리를 한다.

M(암기) : 중요 사항을 C, H 단계에 맞춰 암기하고 학습 목표, 그림, 도표, 지도를 백지에 그리고 본문과 관련된 내용을 설명해 본다.

P(문제 해결) : 앞선 네 단계(C, H, A, M)의 학습 내용을 적용하여 문제를 해결하고 문제 되돌아보기를 하여 마무리한다.

• 과학 CHAMP 학습

C(이해) : 용어의 뜻과 기본 개념을 파악하고 공식이나 실험은 무엇이 있는지 파악한다. 개념 이해가 잘 안되면 우선 문제부터 풀어 보는 것도 한 방법이다.

H(사고) : 현상의 원인과 결과에 대해 파악하고 학습 목표, 그림, 그래프, 실험, 공식을 본문과 연관지어 학습한다.

A(정리) : 기본서를 단권화하는 작업이 필요하며 서브 노트와 오답 정리를 한다.

M(암기) : 중요 사항을 C, H 단계에 맞춰 암기하고 학습 목표, 그림, 도표, 지도를 백지에 그리고 본문과 관련된 내용을 설명해 본다.

P(문제 해결) : 앞선 네 단계(C, H, A, M)의 학습 내용을 적용하여 문제를 해결하고 문제 되돌아보기를 하여 마무리한다.

03

성향에 따른
CHAMP 학습법의 차이

사람마다 생김새가 다르듯이 성격도 차이가 난다. 한 부모 밑에서 태어난 형제자매끼리도 성격이 천지 차이인 경우도 있고 심지어 쌍둥이도 성격이 판이한 경우가 있다. 보통 한의학에서 체질에 맞는 생활 습관을 강조하는데 이와 유사하게 성향에 어울리는 공부법을 알아보자.

❶ 외향적인 성격에 어울리는 공부법

활발하고 명랑한 학생들은 주변에서 보기엔 늘 놀면서 딴짓만 하는 것으로 비쳐지기 쉽다. 그런데 이런 성격의 학생들은 적극적인 활동들을 통해 공부하는 에너지를 만드는 경우가 많다. 따라서 떠들고 즐겁게 어울리는 시간을 일종의 휴식으로 활용하여 자신의 공부에 활력소로 만들면 좋다. 다만 대강 공부하고도 다 했다고 생각하여 만족하는 경우가 많으므로 조심해야 한다. 대강 공부했는지 여부를 판별하기 위해서는 스스로 공부 결과를 확인해 보는 방법을 사용해야 한다. 예를 들어 국어라면 틀린 문제들에 대해서 스스로 해설을 만들어 보는 연습을 하도록 한다. 왜 답이 그렇게 되는지 스스로 써 보는 연습을 해야 한다. 그냥 답만 읽고 '아, 그런가 보다.' 하고 넘어 가면 또 헷갈리기 때문이다. 수학 과목의 경우는 책을 아무 곳이나 펼쳐서 나오는 문제를 풀어 보도록 한다. 잘 풀 수 없다면 아직 공부 가 덜된 것이다. 특히 암기 과목의 경우는 정확히 공부했는지 여부 를 확인하기 위해서 문제집을 꼭 풀어 보도록 해야 한다.

학생이 외향적인 성격이라고 판단되면 먼저 차분히 앉아서 어떤 공부를 할 것인지 계획부터 세우도록 한다. 그런 뒤에는 하나의 계획 을 끝낼 때까지 집중하는 훈련을 해야 한다. 시간을 정해 두고 그 시 간 동안에는 절대 공부방 밖으로 나가지 않는다. 10분, 30분, 1시간 이런 식으로 집중 시간을 늘려 가며 꾸준히 연습한다. 외향적인 학 생들은 무엇을 공부할지 잘 정하지 못하고 막연하게 그 과목을 공 부하겠다는 마음만 있는 경우가 많다. 따라서 이런 약점을 보완하 기 위해서는 계획표를 작성해야 한다. 또한 오랫동안 앉아서 공부하 는 것이 몸에 익지 않은 학생들은 스톱워치를 이용하여 자신의 공 부 시간을 측정해 보는 것도 좋다. 생각보다 오랜 시간 공부하지 않 고 있다는 것을 알게 되면 자연스럽게 자신의 습관을 고칠 수 있다.

② 모험적인 성격에 어울리는 공부법

시작한 것은 일단 마무리하는 연습을 꼭 해야 한다. 그렇지 않 으면 이것저것 하는 것이 많아도 완성된 결과는 하나도 없을 수 있 다. 이런 학생은 덤벙거려 실수를 자주 할 수 있다. 공부는 어느 정도 수준이 되면 결국 누가 실수를 덜 하느냐가 결과에 큰 영향을 미친다. 새로 시작하는 것을 좋아하는 학생들은 여러 가지 공부거리들을 펼쳐 놓고 끝까지 공부하지 않는 경우가 많기 때문에 마무리 연습을 꼭 해야 한다. 특히 문제집을 샀을 경우에는 한 가지 문제집을 한 번만 풀지 말고 여러 번 지워 가면서 풀어야 한다. 그래야 그 책에 있는 내용을 정확히 자기 것으로 만들 수 있기 때문이다.

❸ 내향적인 성격에 어울리는 공부법

차분하고 조용한 학생들은 아무것도 안 하고 가만히 있는 것처럼 보일 때가 많다. 이런 학생들은 자신의 성격에 맞추어 명상을 하거나 책을 읽으면서 집중력을 키울 수 있다. 특히 너무 소심하거나 어떤 한 가지 내용이 잘 이해되지 않으면 다음으로 넘어가지 못하는 학생들은 좀 더 과감히 공부할 필요가 있다. 수학에서 내용이 잘 이해되지 않는다면 먼저 문제부터 풀어 보면서 내용을 적용하는 연습을 해도 좋다. 과학이나 사회는 요점 정리나 단원의 학습 목표 등에서 중요한 것이 무엇인지를 먼저 파악하고 중심 내용을 공부한다. 한 번에 정확히 공부하려고 애쓰다 보면 공부 속도가 너무 느려질 수 있다. 잘 모르는 내용이 나와도 과감히 넘어가야 한다. 그러면서 같은 내용을 여러 번 복습하는 방법을 적용하는 것이 효율적이다. 내향적인 성격의 학생들은 책을 볼 때 좀 더 빠르게 공부할 필요가 있으므로 자신에게 주어진 시간 동안 2~3배 정도 여러 번 공부할 수 있도록 계획표를 작성해야 한다. 또한 잘 이해되지 않는 내용이 나오면 포스트잇이나 형광펜으로 표시를 해 두면 나중에 다시 찾아 공부할 때 도움이 된다. 특히나 작은 공부 단위에만 익숙해져 있을 수 있으므로 큰 단위의 계획을 꼭 세워 보자. 한 달 계획이나 6개월 공부 포트폴리오를 작성해 보면 생각보다 작은 단위에만 얽매일 시간이 없다는 것을 알게 될 것이다.

❹ 감정적인 성격에 어울리는 공부법

기분에 따라 공부가 잘되는 정도가 달라지는 성격이라면 자기가 잘하는 과목부터 시작하는 것이 좋다. 그래서 거기서 좋은 결과를 얻게 되면 그 기분을 이어서 다음 과목도 집중해 보자. 만족할 결과가 나와서 좋은 기분 상태를 유지하면 또 다른 공부에 도움이 될 수 있다. 자신의 기분 상태를 최대한 활용하여 시간을 적절히 분배하는 연습을 한다. 특히나 하위권 학생이라면 영어나 수학 중심의 주요 과목을 공략하기 전에 사회 과목 등을 노려 보는 것이 좋다. 왜냐하면 영어나 수학은 단계를 밟아야 하는 과목이므로 단숨에 좋은 성과를 내기 어렵기 때문이다. 오히려 공부한 만큼 결과를 얻을 수 있는 사회 과목이 자신감을 형성하는 데에는 더 좋다는 것이다. 사회 과목에서 고득점한 후 그 노력과 결과에 대한 느낌을 주요 과목에 쏟는 것이다.

❺ 논리적인 성격에 어울리는 공부법

자기가 그 공부를 왜 해야 하는지 필요성이 느껴져야 비로소 공부하는 성격이라면 먼저 그 공부를 통해서 얻을 수 있는 효과부터 머릿속에 그려 보자. 영어 문법을 공부한다면 그것이 독해를 잘하기 위한 밑거름이 된다는 것부터 생각하는 것이다. 하나의 문법을 공부하면 바로 독해에 적용해 보자. 이런 성격의 학생 가운데 간혹 시험 기간까지 시간이 너무 많이 남아서 공부할 필요를 못 느낀다고 말하는 경우가 있다. 시험 기간까지 남은 시간을 정확히 계산해 보자. 그리고 그 안에 공부해야 할 내용을 파악한다. 각 과목별로 얼마의 시간이 남았는지 구체적으로 알게 되면 결코 시간이 많지 않다는 것을 느끼게 된다.

❻ 계획적인 성격에 어울리는 공부법

평소에 정리를 깔끔하게 하고 계획을 꼼꼼하게 잘 세우는 학생이라면 그런 것들 때문에 스트레스를 받지는 않는지 알아봐야 한다. 계획은 좀 더 나은 결과를 얻게 위해 짜는 것이지 계획을 위한 계획이 되어서는 안 된다. 무리하게 실천하는 과정에서 스트레스를 받을 필요는 없다. 편한 마음으로 실천할 수 있는 적정선을 잘 가늠하는 것이 중요하다. 그런 뒤 그 한도를 차츰 늘려 가는 연습을 하는 것이 능률적인 공부 방법이다. 특히 계획을 짜고 공부를 시작할 때 초기 집중력이 떨어진다면 시간을 짧게 하고 문제 푸는 식의 공부로부터 출발하는 것이 좋다.

❼ 자유로운 성격에 어울리는 공부법

계획을 세우는 일에 서툰 성격이라면 계획을 크게 잡아 보는 연습부터 하는 것이 좋다. 이런 성격의 학생들은 긴 시간 공부하는 것에 쉽게 싫증을 느끼는 경우가 많다. 그럴 때는 시간을 짧게 끊어서 공부해도 좋다. 다만 자기가 공부할 분량에 필요한 시간을 정해 두고 시간 안에 끝내도록 집중하는 연습이 꼭 필요하다. 이 경우는 시작도 하기 전에 포기할 확률이 높으므로 시작이 반이라는 생각으로 첫발을 과감하게 디뎌 봐야 한다. 특히 자기 동기 부여를 위해 볼펜 한 다스를 구입해서 일주일 안에 다 쓴다는 각오로 공부해 보는 것도 좋다. 계획에 따르기보다 자신의 실천 정도에 의해 스스로 자극받는 것이 편할 수 있기 때문이다.

❽ 주의가 산만한 성격에 어울리는 공부법

주의가 산만한 학생들은 책상에 앉자마자 다른 생각이 들거나 다른 관심사에 신경을 쏟는다. 이런 경우는 머리를 쓰는 공부보다 몸을 쓰는 공부를 반복함으로써 자연스럽게 집중하는 편이 낫다. 서브노트를 만들거나 오답을 정리하는 것이 여기에 속한다. 앞서 설명한 방법인 문제부터 푸는 식의 접근도 역시 유효하다. 특히 작은 과제를 짧은 시간 안에 주파하면 바로 보상해 주는 식의 공부법이 유효하다.

❾ 기타

　자기가 무엇을 주도해서 해결하려는 학생은 선생님의 지지와 조언만으로 충분히 좋은 결과를 얻을 수 있지만 수동적인 학생이라면 적절한 과제의 분배와 보다 적극적인 개입이 좋은 효과를 거둘 수 있다. 또한 외향적이고 자기표현에 익숙하거나 경쟁을 즐기는 학생들은 소그룹 공부가 맞을 수 있지만 내향적이고 자기표현이 어색하며 자기 성취감을 더 소중히 생각하는 학생들은 일대일 상담과 개인 공부가 맞을 수 있다.

2장

이해

01

문장을 이해하면
공부가 쉬워진다

　대부분 학생들에게 국어는 지루하고 재미없는 과목이다. 그냥 수업 시간에 받아쓰고 아무 생각 없이 암기만 한다면 그 말이 맞다. 그러나 국어도 재미있게 공부할 수 있고 공부하면 성적이 오른다. 제일 먼저 할 일은 자기 스스로 생각해 보고 자습서와 비교한 후 옮겨 적기다. 어느 정도 익숙해지면 더 이상 그냥 베껴 쓰는 것이 아니라 자기가 그 글이나 장르의 핵심 사항을 스스로 생각해 보고 자습서의 생각과 비교한 후 정리된 내용을 교과서에 적어 놓고 수업을 듣는 것이다. 예를 들어 시의 주제, 심상, 운율을 이루는 요소, 시적 화자 등과 같은 핵심 사항을 생각해 보고 자습서와 비교하여 적어 두는 것이다. 이것은 사고력을 길러 주고 내신뿐만 아니라 수능 언어영역에서도 처음 보는 지문을 감상하거나 분석하는 힘을 길러 준다. 그러나 이런 작업을 하려고 해도 문장을 읽고 이해하고 사고할 수 있어야 가능한데 어휘력이 부족하다면 문장 이해도 안되고 국어 공부의 시작 자체가 어려움에 처한다. 여기서부터 해결이 필요하다.

❶ 소중한 우리말

예전부터 우리나라 사람은 글공부를 중요시했다. 그러나 지금은 우리말에 큰 관심이 없는 것처럼 보인다. 영어만 하더라도 정부의 영어 사업 예산이 한글 사업에 들이는 예산보다 24배나 차이가 나는 등 국어를 다소 등한시하는 느낌을 지울 수가 없다. 영어 어휘력 부족은 심각하게 고민하면서도 국어 어휘력 부족은 대수롭게 여기지 않는 시대가 된 것이다. 어릴 때는 엉뚱한 어휘를 사용해도 '창의력, 상상력'이 높다고 칭찬받을지 모르지만 나중에 커서도 잘못된 어휘를 사용하면 다른 사람들의 손가락질을 받게 된다.

"국어는 일상생활에서 매일 쓰는데 뭘 따로 공부해? 쓰다 보면 늘겠지."
"영어, 수학 과목 말고는 다 한글이잖아. 어려울 게 뭐 있어? 읽으면 다 이해 가겠지."

혹시 이런 생각을 하고 있는지? 실제 학생들에게 받았던 질문들에 대해 몇 가지 소개한다.

"철학에 관심이 가서 철학책을 읽고 싶은데 긴 책을 읽는 것이 어렵고 알아듣기도 힘들어요. 수십 번은 계속 읽어야 겨우 이해가 가고……"
"다른 애들이 다 아는 말을 저만 모르는 것 같아요. 곳곳에 모르는 단어가 나오고 아는 단어도 설명을 못하겠어요."

미국 사람은 토익, 토플 시험 만점일까? 우리나라 사람은 모두 국어 시험 만점인가? 아니다. 우리말도 모르면 공부해야 한다.

❷ 공부 기초 공사 : 문장 이해력

문장 이해력이란 문장으로 된 학습 내용을 올바르게 이해하는 힘을 말한다. 문장 이해력은 모든 학습의 기본이다. 국어에 문장 이해력이 중요하냐고 물어볼 수 있다. 하지만 그 당연한 걸 굳이 설명할 필요가 있을까? 영어의 경우는 어떨까? 우리말로 해도 이해가 안되는 말이 영어로는 이해가 될지 의문이 들 것이다. 수학은 어떨까? 수학 시험지 한번 펴 보자. 문제가 숫자로만 되어 있나? 문장 없이 정의, 정리, 공식 유도는 뭐로 할 건가? 사회 교과서 한번 펴 보자. 뭐로 되어 있나? 과학은 그래프, 공식, 실험, 법칙 모두 문장으로 설명하고 해석한다.

문장 이해력이 좋으면 공부의 속도도 빨라진다. A학생은 한 번에 읽고 노트 정리까지 끝냈던데 나는 무슨 말인지 몰라 읽고 또 읽고 또 읽고…… 문장 이해력이 부족하면 뭐 하나 하는 데 시간이 오래 걸리기 마련이다. 문장 이해력이 좋으면 사고력 또한 키워진다. 읽기는 읽기로만 끝나지 않는다. 읽어서 이해하고 왜 그런지 생각하고 배운 것과 연결지을 수 있다. 읽기를 통해 어휘력과 이해력, 사고력이 길러진다. 문장 이해력이 좋으면 혼자 공부하는 능력이 키워진다. 책을 읽어도 이해가 안되면 혼자 공부하기 어렵고 혼자 읽어서 이해가 안되니까 말로 들어 이해하는 학원 강의에 의존하게 되고 학원 강의에 의존하게 되면 더욱 더 혼자 공부하지 못하는 악순환이 반복되는데 문장 이해력을 키움으로써 이 악순환의 고리를 끊을 수 있다는 말이다.

어휘력과 문장 이해력
높이는 방법

❶ 어휘력을 늘리는 습관

문장은 어휘의 집합체이므로 문장 이해의 출발점은 바로 어휘력이다. 중학생의 경우 어휘를 많이 알면 학습 효과를 높일 수 있다. 어휘 실력을 통해 기본적인 언어 사용 능력을 향상시키고 문학 작품을 통해 바르게 이해하고 감상하는 능력을 기를 수 있다. 또한, 고등 교과목 공부를 하기 위한 기반이 되는 어휘력을 쌓아야 하는 시기이기도 하다. 고등학생의 경우 어휘력을 갖추지 않으면 수능 언어영역을 극복할 수 없다. 고급 어휘가 들어간 긴 지문이 다수 출제되고 있으며 어휘의 뜻을 묻는 문제나 문맥에 맞는 어휘를 고르는 문제, 사자성어를 고르는 문제 등 어휘력을 평가하는 문제가 빠짐없이 등장하고 있기 때문이다. 어휘력을 기르기 위한 원칙들을 알아보자.

원칙 1. 국어사전 찾기를 습관화한다

국어사전에는 뜻, 품사, 맞춤법, 파생어, 예문, 관용구 등 어휘에 대한 모든 것이 들어 있다. 공부, 독서, 신문 읽기 등 일상생활에서 접하는 모르는 어휘는 반드시 국어사전을 찾아보는 습관을 가지는 것이 필요하다. 문제를 푸는 중에 지문이나 보기에 모르는 단어가 나왔다면 일단 문제를 먼저 풀고 채점하는 단계에서 사전을 활용하도록 하자.

원칙 2. 교과서부터 정복한다

교과서란 그 학년의 학생이 기본적으로 알고 있어야 하는 어휘들이 선별되어 이루어진 책이다. 어휘력에 자신이 없다면 우선 교과서 읽기로 기본적인 필수 어휘를 익히자. 모르는 어휘는 사전이나 자습서를 통해 꼭 익혀 두도록 한다.

원칙 3. 하루 30분 꾸준히 글을 읽는다

글을 많이 읽을수록 어휘력은 늘어나기 마련이다. 하루 30분씩 꾸준히 읽고 모르는 어휘는 사전을 찾아 익히도록 한다. 참고로 시사 상식에 관심이 있다면 신문 기사나 사설을, 문학 작품 감상을 겸하고 싶다면 한국 및 세계 명작 문학집을, 삶에 동기를 부여하고 싶다면 자기 계발서나 자서전을, 재미와 감동을 얻고 싶다면 소설이나 수필을 추천한다.

원칙 4. 짧은 글짓기를 한다

자꾸 봐도 생소한 어휘나 어려운 한자어, 잘 안 외워지는 고사 성어, 속담, 관용구는 짧은 글짓기를 통해 익혀 본다. 예를 들어 '가렴주구(세금을 가혹하게 거둬들이고 무리하게 재물을 빼앗음)'라는 단어가 잘 안 외워지면 '그는 이 제도가 부자를 위해 모든 국민을 상대로 가렴주구하겠다는 것이라 주장했다.'처럼 글짓기를 해 보는 것이다. 글이 잘 떠오르지 않을 때는 인터넷에서 검색하여 신문 기사나 칼럼에 나와 있는 문장을 참고하는 것도 요령이다.

원칙 5. 어휘력 기반 학습 교재를 공부한다

어휘력을 집중적으로 강화하고자 한다면 시중에 나와 있는 어휘력 강화 교재를 풀어 보는 것도 좋다. 매일 분량을 정해 풀거나 방학 등 시간적 여유가 있을 때 집중적으로 풀면 도움이 될 것이다.

❷ 문장 이해력 높이기

문장 이해력이 높아지면 새로운 학습 내용도 어려움 없이 이해하고 문제를 읽고 핵심을 바로 파악할 수 있으며 지문을 빠르게 읽어 시험 시간을 절약할 수 있다. 또, 논술, 구술시험에서 막힘이 없어지는 등 여러 가지 좋은 점이 많이 있다. 문장 이해력을 높이기 위한 원칙들을 알아보자.

원칙 1. 주제를 찾고 중심 내용을 요약한다

글의 주제나 중심 내용을 먼저 찾으면 그것을 뒷받침하는 세부 내용은 쉽게 정리할 수 있게 된다. 그렇기에 항상 '이 내용은 무엇에 대해 서술하고 있는지, 저자가 전달하고자 하는 핵심적인 요지는 무엇인지'를 염두하며 글을 읽는 습관을 가지도록 한다. 글의 주제나 중심 문장을 찾기 위해서는 우선 전달하고자 하는 핵심적인 메시지는 무엇인지 생각해야 하며 반복적으로 언급되고 있는 단어나 구절, 용어가 있는지 잘 살펴보도록 한다. 글의 중심 내용이 문단의 시작 부분에 서술되어 있는지, 문단의 끝 부분에 서술되어 있는지, 아니면 문단의 중간 부분에 서술되어 있는지를 잘 파악한다.

원칙 2. 세부 정보를 정확히 파악한다

글의 주제나 중심 내용을 찾았으면 이를 뒷받침하는 사실이나 사례, 즉 세부 정보들을 찾아낸다. 정보 진술 방식에는 중심 내용의 예시를 제시하거나(중심 내용을 뒷받침하기 위해 여러 가지 적합한 예를 제시하는 경우가 많다. 대개 '예를 들면'이라는 삽입구를 많이 사용하는데 삽입구가 없는 경우라도 앞에다 '예를 들면'이라는 삽입구를 넣었을 때 문맥이 통하면 그것은 예시를 나타내는 세부 정보라고 볼 수 있다.), 중심 내용의 이유를 제시하는 것(핵심적인 아이디어를 나타내는 문장과 이에 대한 세부 정보를 나타내는 문장 사이에 '왜냐하면'이라는 말을 넣었을 때 무리가 없는 경우라면 '이유'를 나타내는 세부 정보라고 할 수 있다.), 중심 내용을 다른 표현으로 재진술하는 것(요지와 같은 의미의 내용을 조금 다른 표현으로 바꿔서 세부 정보를 진술하는 경우가 있다. 이를 '재진술'이라고 하며 요지와 세부 정보 사이에 '다시 말하면, 바꾸어 말하면, 즉'과 같은 삽입구가 들어가게 된다.) 등이 있다.

보이지 않는
배경지식의 힘

다음 문제를 고민해 보자.

● 다음과 같은 형벌 제도를 시행하였던 시기의 사실로 옳은 것은?

〈보기〉
한 부서의 장관으로 재직하면서 자신이 관할하는 재물을 훔치거나 뇌물을
받고 법을 어긴 관리는 지급한 토지를 거두고 도(徒), 장(杖)을 따지지 말고
귀향형에 처한다.

① 노론과 소론의 대립으로 환국이 일어났다.

② 중앙군으로 10위를 두어 수도를 경비하였다.

③ 4군과 6진을 설치하여 북방 영토를 개척하였다.

④ 9주 5소경 체제의 지방 행정 조직을 완비하였다.

⑤ 풍수지리설에 입각하여 서경 천도 운동이 전개되었다.

앞의 문제는 실제 수능에 출제되었던 것으로서 수많은 학생들에게 좌절감을 준 문제로 유명하다. 국사를 샅샅이 공부하고 잘 정리한 서울대생들조차 혀를 내두른 문제다. 하나하나의 사실과 시대를 정확하게 숙지하기란 사실상 불가능할 정도로 어렵다. 그러나 이 문제를 다른 각도에서 살펴보면 의외의 결론에 도달할 수 있다. ①~⑤번 지문이 각각 어느 시대인지 정확히 알아서 맞히기는 하늘의 별 따기지만 다른 각도에서 살펴보면 이 문제를 푸는 일은 굉장히 수월해진다. 〈보기〉의 내용을 읽어 보면 사회가 어느 정도 고착되어 비리나 부정이 발생하는 현상이 있었기에 생긴 제도임을 유추할 수 있다. ②~④번 지문은 사회가 형성되는 초기 모습으로 보인다. 다시 말해 각종 제도를 두거나 영토를 개척 내지 단속하는 모습은 사회의 형성 초기다. ①, ⑤번은 그렇지 않은데 ①번의 경우 아직 고착 단계라기보다는 경합하는 두 세력이 있는 것으로 보아 중간기 정도로 보인다. ⑤번이야말로 고착된 유착 관계나 비리를 단번에 끊어 버리기 위한 극단적 조치임을 알 수 있다. 따라서 정답은 ⑤번일 수밖에 없다.

배경지식의 힘이란 이런 것이다. 평소에 사회 현상을 분석하고 바라볼 수 있는 능력, 즉 배경지식을 통한 분석 능력을 갖춘다면 전혀 다른 시각에서 문제를 보게 되고 세세한 사실 하나하나에 집착하기보다 전체를 보는 눈을 갖게 된다. 여기서 말하고자 하는 배경지식이란 바로 이런 것이다.

❶ 보이지 않는 영향력, 배경지식

헬렌 켈러를 지도한 선생님의 이름을 물었을 때, 엉뚱한 개그맨은 닥터 지바고라고 대답한다. 모두들 배꼽을 잡고 웃고 있을 때 웃지 못하는 사람이 있다. 설리번 선생님이라고 하는 남들 다 아는 상식이 부족한 사람이다. 정선이 그린 〈수박 파먹는 쥐들〉이라는 그림을 보고서 귀여운 쥐를 그렸다고 생각하는 것은 고혈을 빼먹는 탐관오리를 쥐에 비유해 당시의 시대적 상황을 풍자한 것이라는 배경지식이 없어서 그런 생각을 하게 되는 것이다. 이렇듯 배워 놓은 것이 없으면 잘못 알아듣게 된다.

우리의 뇌는 새로운 정보를 받아들일 때 자신이 이미 알고 있는 정보와 새로운 정보가 관련이 있는지 판단한 후에 받아들인다. 따라서 배경지식은 학습에서 중요한 역할을 하게 된다. 아는 만큼 보이고 보이는 만큼 느낄 수 있는 것이다. 배경지식이란 개인이 듣고 보고 읽고 경험한 모든 것을 의미하며 나를 둘러싼 모든 것이 배경지식이 될 수 있다.

❷ 내 안의 자원, 배경지식

처음 듣는 내용은 바로 지식으로 받아들이기 힘들지만 이미 어느 정도 알고 있는 내용은 쉽게 받아들일 수 있다. 우리가 공부를 할 때 새로운 내용을 이해한다는 것은 기존에 알고 있는 정보를 바탕으로 새로운 정보를 나름대로 쪼개서 자기에게 맞게 받아들인다는 것을 의미한다. 과학자가 과학 관련 책을 쉽게 읽고 의사가 의학 관런 책을 쉽게 읽듯 원래 알고 있는 것이 많을수록 새로운 것을 쉽게 받아들일 수 있다. 배경지식이 풍부하면 생각의 깊이나 수준이 남달라 더 많은 것을 느끼고 생각할 수 있다. 같은 것을 보고도 얼마나 아느냐에 따라 해석의 차이가 생기기도 한다. 배경지식이 없으면 어려운 내용의 책은 학습 의욕을 잃게 만들지만 배경지식이 조금이라도 있으면 포기하지 않고 학습할 수 있는 의욕을 갖게 한다. 이렇듯 배경지식은 다양한 상상을 하게 만들며 호기심과 궁금증을 가지게 하는 것이다.

배경지식을 쌓는 방법

❶ 배경지식 쌓기

영어 듣기를 할 때 지문에 대한 배경지식이 있으면 더 잘 들리고 비문학 지문 문제를 풀이할 때도 지문에 대한 배경지식이 있으면 더 잘 이해된다. 내가 쌓은 지식은 나의 배경지식이 되어 학습의 자산이 되는 선순환 구조를 가진다. 배경지식을 쌓는 방법에 대해 알아보자.

방법 1. 구멍난 배경지식을 메운다

학교 수업 내용이 무슨 소리인지 모르겠다면 그 구멍난 배경지식을 메우는 것부터 시작해야 한다. 구멍 메우기에는 학습의 기본기인 어휘 기반 학습을 하는 것과 부족한 부분의 후행 학습이 있다. 어휘력이 부족하면 수업을 이해하기 힘들고 꼬리에 꼬리를 무는 교과 과정에서 이전 학습이 제대로 되지 않으면 현재 학습이나 미래 학습도 제대로 되기 힘들다. 특히 수학은 학년, 단원 간 연계성이 큰 과목이므로 부족한 부분에 대해서는 방학 기간을 이용한 후행 학습이 필수라 하겠다.

방법 2. 다양한 글을 읽는다

풍부한 배경지식을 쌓는 데는 다양한 분야의 글 읽기를 생활화하는 것이 가장 효과적인 방법이다. 간접 경험으로 배경지식을 풍부하게 해 주는 것으로 글 읽기만 한 것이 없다. 우선 교과와 관련된 글을 읽는 것이 필요하고 어려운 글과 함께 흥미를 주는 글을 병행하여 읽도록 한다. 또한 인터넷 글, 잡지, 신문 등 다양한 경로를 통한 글을 읽어 사고의 폭을 넓히는 것도 필요하다. 다만, 권장 도서 리스트만으로 읽을 책을 정하지 않도록 한다. 권장 도서의 경우 청소년 수준을 뛰어넘는 경우가 많기 때문에 독서에 흥미를 잃게 할 수도 있으므로 권장 도서 중 무엇을 읽을지는 스스로 판단하는 과정을 거치도록 한다.

글을 읽을 때는 '잠자기 전 30분, 아침 15분 신문 읽기' 등과 같이 반드시 정해진 시간에 읽고 글을 읽는 목적을 알고 목적에 맞게 글을 읽는다. 처음에는 제목, 차례와 함께 글을 전체적으로 훑어보아 글 전체의 맥락을 살핀 후 그 과정에서 생긴 호기심과 의문을 해결하는 마음으로 정독을 한다. 또, 주요 부분에 밑줄을 치고 자신의 생각을 적는 등 자신만의 시각을 가지고 읽도록 하며 다 읽은 후에는 반드시 자신이 읽은 내용을 정리하여 완전히 내 것이 되도록 한다.

방법 3. 모든 경험을 배경지식 쌓는 기회로 삼는다

같은 팝송을 들어도 무료함을 달래겠다는 목적으로 듣는 것과 영어 듣기 능력을 기르겠다는 목적으로 듣는 것의 태도가 다르다. 또, 같은 TV 프로그램을 봐도 아무 생각 없이 멍하게 보는 것과 새로운 정보를 얻는 기쁨으로 보는 것의 의미가 다르다. 같은 행동이지만 배우고자 하는 이의 마음가짐에 따라 그것이 아무 의미 없는 것이 되기도 하고 의미 있는 지식이 되기도 한다. 매 순간을 배움의 기회로 생각하고 모든 것을 대하면 그것이 곧 나의 배경지식이 된다.

❷ 수업 배경지식 만들기

숨은그림찾기를 해 본 경험이 있을 것이다. 처음에 찾을 때는 그렇게 찾기 어려워 보이던 숨은 그림이 답을 알고 문제를 접하면 더는 어렵지 않게 느껴질 것이다. 아무리 어려운 수업이라도 다루는 내용이 무엇인지, 무엇이 핵심 내용인지 미리 알고 수업을 들으면 이해하기 쉽다.

예습이란 학습할 사항에 대해 미리 조사·관찰하여 문제의식을 가지고 학습에 대한 준비를 갖추는 과정이다. 예습이 주는 효과는 여러 가지가 있다. 예습은 수업에 대한 흥미도와 집중력을 높일 수 있으며 질문을 하면서 학습에 대한 자신감을 가질 수 있게 한다. 그리고 미리 만들어 놓은 수업의 커다란 틀에 수업 내용을 잘 담을 수 있게 만들어 준다. 간혹 선행 학습이 예습이라고 생각하는 경우가 있는데 선행 학습과 예습은 다르다. 영화에 비유해 보자. 예습은 영화의 예고편으로써 관심과 흥미를 불러일으키는 것이라면 선행 학습은 영화를 2배속으로 줄거리 보기 하여 전체 내용과 흐름을 익히는 것이라 할 수 있다. 예습은 가벼운 마음으로 훑어보는 것이 좋다. 예습을 너무 완벽하게 하려다 보면 시간이 오래 걸릴 뿐더러 학교 수업에 대한 호기심과 신선도가 떨어져 수업에 집중하기 어렵게 만들 수 있으니 주의하도록 한다. 지금부터 예습하는 방법에 대해 알아보자.

단계 1. 예습 시간을 계획한다

예습 시간을 계획표에 분명히 정해 놓고 예습을 한다. 쉬운 과목은 자투리 시간 5~10분 정도, 어려운 과목은 자가 학습 시간 20~30분 정도를 미리 정해 두도록 한다.

단계 2. 수업 시간에 배울 내용을 확인한다

단원의 제목과 학습 목표를 읽고 이 단원에서 내가 알고 있는 것과 반드시 알아야 할 것을 확인한다. 그리고 서론과 첫 문단 등을 주의 깊게 읽어 핵심 내용을 파악한다. 그래프, 도표, 그림 등을 주의 깊게 보고 굵은 글자나 이탤릭체로 강조된 문구에 주의를 기울인다. 마지막 문단이나 요약, 정리 부분은 이 단원의 요지와 결론을 말해 주는 부분이므로 꼼꼼히 파악한다. 마지막으로 연습 문제를 잘 읽어 이 단원에서의 핵심과 문제 경향을 파악하도록 한다.

단계 3. 전체 흐름을 파악한다

단원의 목차를 보면서 단원의 주요 내용의 흐름을 파악한다.

단계 4. 질문을 정리한다

이해할 수 있는 것과 이해할 수 없는 것을 구분하여 정리해 놓고 이해할 수 없는 것은 수업 시간에 이해하거나 선생님께 질문하여 이해하도록 한다.

05

공부의 핵심,
수업 듣기

  해마다 수능 전국 수석의 인터뷰는 수많은 일반 학생들에게 조롱거리가 된다. '저런 소리는 나도 하겠다!'라고 말이다. '수업 열심히 듣고 교과서 위주로 예습, 복습 철저히'라는 판에 박힌 인터뷰 전통을 깨는 수석자가 아무도 없다. 그러나 수능 수석한 학생이 어느 학원에 다녔는지 안 다녔는지는 몰라도 한 가지 확실한 점은 아마 전국에서 '예습, 복습, 수업'이라는 기본에 가장 충실한 사람이었다는 사실일 것이다. 보통 학생들에게 예습을 하라고 책을 주면 학생들이 하는 일은 그냥 읽기다. 국어책을 줘도 사회책을 줘도 예습은 '그냥 읽기'라는 공식을 적용한다. 그러나 그냥 읽기는 아무런 도움이 안된다. 예습은 읽고 뭔지 모르겠고 답답하고 알고 싶어지기 위해서 하는 것이다. 사회책을 읽으려면 그림에 대한 설명이 어디 있나 좀 찾아보고 학습 목표에 대한 답을 찾기 위해서 읽어 본다든가 하는 목적성이 필요하다. 국어책을 읽으려면 자습서에 있는 설명들을 참고해서 무엇이 핵심인지 찾아보거나, 먼저 스스로 생각해 보고 자습서 생각과 비교해 보는 식으로 예습해야 한다. 그래야 맞춰 보는 재미도 있고 예습의 본질에도 가깝다. 다시 정리하자면 예습은 '다 알려고' 한다기보다 '뭐가 있나'를 알기 위해 그리고 내가 궁금한 것을 만들기 위해 필요한 작업이다.

이렇게 예습을 했으면 그 다음은 수업 듣기다. 학교 수업 시간에 듣지 않는 학생은 수능을 출제하는 교육 과정 평가원에서 직접 강의를 해주는데 듣지 않는 고3과 마찬가지다. 수업 시간에 수업 듣는 것보다 더 효율적이고 효과적인 시간 사용은 없다. 수업을 잘 듣기 위해서는 궁금증을 갖기 위한 예습이 전제되어야 하며 끊임없이 예습에서의 궁금증을 해결하기 위해 참여해야 한다. 특히 수업을 잘 듣기 위해서는 필기를 열심히 해야 한다. 미래의 나에 대한 배려라는 관점에서 수업 내용을 가능한 한 빠짐없이 핵심 위주로 내가 알아보기 쉽게 필기를 하려고 애써야 한다. 그런 마음이 수업에 대한 집중도 가능케 한다.

복습은 예습과 수업 듣기로부터 너무 오래 걸려서는 안 된다. 가능하면 바로 복습이 가능해야 한다. 최소한 그 주에 배운 내용은 그 주에 해결되어야 한다. 특히 복습은 반복이 생명이며 망각을 방지하려면 일반적인 사람으로서는 반복만이 살길이다.

❶ 평범한 진실

수능 상위 0.1% 학생 100명과 보통 학생 100명에게 다음과 같이 물어보았다.

"수업 시간에 집중했나요?"

82%가 그렇다고 대답한 그룹과 33%만 그렇다고 대답한 그룹 중 어느 쪽이 상위 0.1% 학생 집단의 대답이었을까? 0.1% 학생들에게 수업 시간은 소중했다. 그 학생들 중 '아니다'라고 대답한 학생들도 주요 과목과 취약 과목은 수업 시간에 집중했다고 답했다. 이 사실이 놀라운가? 전혀 그렇지 않을 것이다.

"학교 선생님들은 못 가르치잖아요. 학원 강사가 훨씬 나아요. 전 그냥 학원 가서 배우려고요."

"전 학원에서 선행으로 진도 다 나갔는데요. 다 배웠는데 학교에서 또 들을 필요 있나요?"

"수업 시간에 학원이랑 과외 숙제해야 돼서요. 새벽까지 인강 들어서 잠 모자란 거 수업 시간에 보충해야 되고……"

"전 수업을 들어도 이해가 안돼서 그냥 안 들어요. 워낙 배워 놓은 것이 없어서……"

이런 학생들이 과연 공부를 잘할까? 전혀 그렇지 않다. 이미 수도 없이 들어 온 전국 1등의 그 대사!

"교과서 위주로 학교 수업에 충실했다."

너무 뻔한 말이어서 다들 속 보이는 거짓말이라고 생각하지만 진실은 의외로 평범하다. 전국 1등의 말을 믿어 보자. 학교 수업이 바로 키포인트다. 수업 듣기란 수업 시간 중 해야 할 모든 활동에 집중하는 것을 말한다.

❷ 공부의 핵 : 학교 수업

학교 수업 시간은 다음과 같은 특징들이 있다.

특징 1. 공부 가능 시간의 50% 이상을 차지한다

하루 중 잠자기, 식사 시간, 등·하교 시간 등 꼭 필요한 일상생활을 제외한 공부 가능 시간은 하루 평균 14시간 정도 된다. 중·고등학생의 학교 수업 시간은 평균 7시간이므로 공부 가능 시간의 50%를 수업에 투자하고 있다는 말이 된다. 보충 수업이나 특기 적성 수업까지 포함하면 공부 가능 시간의 65% 이상을 차지하게 된다. 이렇게 공부 가능 시간의 50%를 효과적으로 사용하지 않고 공부를 잘할 수 있을까? 하루 2~3시간에 불과한 학원, 과외로 하루 7시간에 가까운 수업 시간을 따라잡을 수 있을까?

특징 2. 학교 수업은 내신 시험과 직결된다

만약 수능 출제 위원이 학교에 와서 고3을 대상으로 올해 수능 출제 경향에 대해 특강을 한다면 아마도 모든 학생들이 이글거리는 눈빛으로 강의를 들을 것이다. 그런데 왜 내신 시험을 출제하는 학교 선생님 수업은 멍한 눈으로 듣고 있나? 내신 시험에 대한 모든 힌트는 학교 수업 안에 숨어 있다. 시험 출제자가 직접 시험에 관한 정보를 알려 주는 기회를 버릴 건가?

특징 3. 효율적으로 공부할 수 있다

수능 상위 0.1% 학생 100명과 보통 학생 100명에게 또 물었다.

"평소 공부를 위해 어떤 노력을 하나?"

0.1%의 학생 중 82%가 학기 중 예습, 복습 및 수업 시간을 활용했다고 답하였다. 그럼 시험 기간에는 어떨까? 상위 0.1% 학생은 다음과 같이 답했다.

"수업 시간에 기본적인 개념 이해를 끝내고 평소 자가 학습 시간은 온전히 복습과 정리에 사용한다. 그래서 개념 이해를 다시 할 필요가 없었고 시험 기간에는 총정리와 실전 문제 풀이에 주력하면서 완벽하게 시험을 대비한다."

반면 보통 학생은 이렇게 답했다.

"평소 수업을 잘 듣지 않아서 시험이 닥치면 기본 개념 이해부터 다시 한다. 그래서 시험 범위 끝까지 한 번 보는 것도 빠듯하

다. 시간이 부족해 시험 기간에 총정리나 문제 풀이를 충분히 해

보지 못하고 시험을 보러 간다."

특징 4. 집중력을 기르는 훈련이 된다

수업 시간조차 집중할 수 없다면 학원 수업에도, 자기 공부 시간
에도, 시험 시간에도 집중할 수 없다. 매일 수업 시간에 집중하려는
노력으로 집중력을 몸에 익히도록 하자.

특징 5. 선생님과 좋은 관계를 유지할 수 있다

선생님은 어떤 학생을 좋아할까? 공부 잘하는 학생? 아니다. 바로
수업에 집중하면서 잘 반응하는 학생이라고 한다. 선생님과 좋은 관
계를 유지하게 되면 학교생활이 즐겁고 수행 평가 태도 점수도 당연
히 올라가게 된다.

06

수업 잘 듣는
비법

❶ 수업은 이렇게 들어라

수업을 잘 듣는다는 것은 단순히 앉아서 선생님의 입에서 나오는 '소리'를 귀로 듣고만 있는 것과는 전혀 다르다. 수업은 학생과 선생님의 '주고받음'이다. 이를 위해서는 적극적인 태도와 학습 의욕이 매우 중요하다. 공부의 성패는 수업을 어떤 자세로 임했는가에 달려 있는 것이다. 수업을 듣는 원칙에 대해 알아보자.

원칙 1. 앞자리에 앉는다

앞자리는 칠판이 크게 보이고 딴짓을 하기 힘들기 때문에 자연히 집중하게 된다. 또, 선생님이 가까이 있어 일대일 지도를 받는 느낌이 들기도 한다. 그리고 질문하거나 대답하기 등 수업에 참여하기 편하다는 장점이 있다. 반면 뒷자리는 선생님의 눈에서 멀어져 딴짓을 하게 될 가능성 높으며 친구들 뒤통수에 시선이 분산되어 집중하기 힘들 수 있다. 선생님이 평소보다 힘주어 말하거나 좀 더 진지한 표정으로 강조하는 부분은 거의 다 시험에 출제된다고 보면 된다. 그런데 뒤에 앉게 되면 선생님의 눈빛, 표정이 보이지 않아 시험의 중요한 힌트들을 놓치게 된다.

원칙 2. 앞을 보고 선생님의 움직임을 쫓는다

책만 뚫어져라 보면서 수업을 귀로만 들으면 잡생각이 쉽게 생긴다. 수업 중 꼭 책을 봐야 하는 경우를 빼고는 무조건 앞을 보고 선생님의 움직임을 눈으로 따라가도록 한다.

원칙 3. 선생님의 말, 표정, 동작에 유의한다

내신 시험 출제자인 선생님이 수업 중 강조하는 것은 바로 시험에 나온다. 선생님의 말, 표정, 동작에 유의하며 무엇을 강조하고 있는지 파악해 보자. 선생님이 목소리를 크게 내거나, 목소리 톤을 높이거나, 같은 내용을 여러 번 반복해서 말하거나, 칠판에 색분필, 별표, 동그라미 등으로 중요 표시를 하는 것은 알아채지 못하는 사람이 둔하다고 할 수 있을 정도로 확실한 제스처다. 또, 칠판이나 교탁을 두드려 소리를 내거나, 과장된 표정을 짓고 몸동작을 크게 한다거나, 중요함을 나타내는 표현(이거 나온다, 꼭 기억해라, 중요한 것은……, 받아 적어라 등)을 사용했을 때 기민하게 적어 두는 센스가 필요하다.

원칙 4. 적극적인 경청의 자세를 가진다

듣고만 있다고 성적이 오르는 것이 아니다. 몸의 모든 감각 기관을 활용해 적극적으로 수업을 듣고 수업 활동에 능동적으로 참여해야 한다. 능동적 참여란 모르면 바로 질문하고 선생님의 질문에 크게 대답하는 것, 선생님의 설명 중 중요한 내용을 필기하면서 듣는 것, 그룹 활동, 실습 등 수업 활동에 적극적으로 참여하는 것 등을 포함한다.

원칙 5. 필기에 너무 정성을 쏟지 않는다

수업 중 주요 사항을 필기하는 것은 너무나 중요하지만 필기에 정성을 쏟느라 중요한 설명을 놓쳐서는 안 된다. 필기는 수업이 끝나고 나중에 봐도 수업 내용을 기억해 낼 수 있을 정도면 충분하다. 간혹 필기하느라 수업을 한 템포씩 늦게 따라가고 결국 놓쳐 버리는 학생들이 있는데 필기는 나중에 친구에게 빌려서 보충하는 한이 있더라도 일단은 수업에 집중하는 데 힘을 쏟아야 한다.

원칙 6. 아는 것도 모르는 것도 끝까지 듣는다

기초가 없어서 수업은 포기하고 따로 기초부터 공부하겠다는 학생이 많은데 포기하고 싶은 충동을 억누르고 어떻게든 수업을 따라가려 애써야 한다. 만약 수업을 포기하고 내 공부만 하겠다고 덤빈다면 졸업할 때까지 수업 진도를 따라가다가 지쳐 버리는 경우가 생길 수도 있다. 어려워도 일단 수업을 들으면 나중에 혼자 공부할 때 반드시 도움이 된다. 자주 등장하는 용어라도 익숙해지자는 마음으로 들으면 수업의 내용을 금방 잊어버리는 것 같아도 나중에 스스로 공부할 때 많은 내용이 되살아나게 되어 있다. 수업은 수업대로 충실히 듣고 모자란 기초는 따로 보충을 하는 것이 성적을 올리는 가장 빠른 길이다. 반면, 선행으로 이미 다 배워서 아는 내용이라도 선생님보다 내가 더 많이 안다고 말할 자신이 들기 전까지는 처음 배우는 것처럼 수업을 듣도록 한다. 이미 알고 있는 것을 확인, 점검하고 다시 정리할 수 있는 효과적인 복습의 시간이 될 테니까.

❷ 수업이 끝나면 복습해라

복습이란 공부한 내용을 확실히 이해하고 자신의 것으로 만들기 위해 일정한 시간이 지난 뒤 반복하는 학습 행위를 말한다. 에빙하우스의 망각 곡선에 따르면 학습 10분 후부터는 망각이 시작되며 한 시간 뒤에는 그 내용의 56%를 잊어버리게 된다. 그러나 수업 직후 늦어도 그날 당일에 복습하면 기억률이 높아지고 상당 부분 오래 머릿속에 남게 된다. 복습의 원칙에 대해 알아보자.

원칙 1. 수업을 들은 직후 5분간 복습한다

수업 내용이 가장 잘 떠오르는 시간은 수업 직후다. 쉬는 시간을 활용하여 다시 한 번 교과서를 넘겨 보며 주요 내용을 체크하고 선생님이 어떻게 설명하셨는지 머릿속에 떠올려 보자. 5분 안에 해결할 수 없는 것, 잘 모르는 내용은 표시해 둔다. 사정상 쉬는 시간에 복습을 못한 과목이 있으면 점심시간, 종례 시간 등 자투리 시간을 이용하거나, 늦어도 그날이 지나기 전에는 복습을 하도록 한다.

원칙 2. 24시간 내에 수업 내용을 정리한다

쉬는 시간, 복습 때 해결하지 못해 표시했던 부분과 5분 안에 할 수 없는 내용 총정리, 주요 사항 암기는 점심시간, 학교 자습 시간, 방과 후 자가 학습 시간 등을 활용하여 24시간 이내에 복습한다.

3장

사고

01

공식과 법칙의
비밀

수학은 우선 정의나 정리를 그대로 말하거나 공식을 유도 혹은 증명할 수 있는 능력으로부터 출발한다. 일차함수 문제를 풀 수 있다면 일차함수 내용도 설명할 수 있어야 정상이다. 일차함수의 정의가 뭐고 기울기가 뭐고 절편이 뭐고 평행이동이 뭔지 말할 수 있어야 한다. 두 번째로 시험지나 연습장에 잘 정리하면서 푸는 능력이 필요하다. 아무리 많이 알아도 시험 시간에 흥분해서 엉망으로 푼다면 실력을 다 발휘할 수 없다. 작은 글씨로 줄 맞춰서 정돈하며 푸는 연습을 하자. 세 번째로 공식뿐만 아니라 자주 나오는 문제의 풀이 유형이나 항상 틀려서 자신 없는 문제의 풀이 과정 등도 암기의 대상이다. 수학 과목은 암기가 아니지만 수학 시험은 암기가 필요하다는 단순한 진리다. 마지막으로 문제 풀기인데 문제 풀 때는 한 문제당 몇 분을 사용해서 풀 건지 정해야 한다. 또, 난이도에 따라 별표를 구분해서 쳐 둠으로써 취약 문제를 구별하고 완성도 있게 공부하는 연습이 필요하다. 답을 보기 전에는 충분히 길게가 아니라 충분히 여러 번(한 문제 안 풀린다고 한 시간 고민하기보다 15분씩 네 번 고민하는 것이 좋다.) 고민해 보고 난 후 하도록 한다. 또, 답을 볼 때는 문제 하나의 답을 보고 바로 푸는 것이 아니라 답을 미리 봐 뒀다가 그날 진도를 다 나간 후 풀어 보자. 그래야 답을 외워서 푸는 것이 아니라 힌트만 생각해서 자기가 풀어 보게 되는 셈이고 실력이 는다. 여기서는 먼저 정의, 정리, 공식 등에 대한 원리 이해 부분을 알아보자.

❶ 원리가 중요하다

혹시 중·고등학교 수학에서 배우는 공식이 270가지라는 사실을 알고 있는가? 그런데 이 중에서 꼭 외워야 하는 것은 10가지도 안된다는 사실도 알고 있는지? 그렇다면 나머지 공식들은 어떻게 된 걸까? 그것들은 원리만 이해하면 스스로 공식을 만들 수 있다. 또, 보통 수학 문제집의 소단원 1개에 해당하는 응용 문제가 평균 100개라는 사실을 알고 있었는가? 그런데 이렇게 많은 문제를 풀이하는데 사용된 원리는 3가지도 안된다는 사실을 눈치챘는가? 그렇다면 그 많은 문제들의 정체는 무엇일까? 그것은 원리와 개념을 활용하고 연습하기 위한 문제들이다. 원리만 알면 그 많은 문제들을 해결할 수 있다.

공식, 법칙 사고력이란 공식과 법칙의 논리적 도출 과정을 아는 것이며 이 공식이 왜 나왔는지 스스로 생각해 보는 것이다. 공식과 법칙의 원리는 교과서에 잘 나와 있으니 헤매지 말자. 교과서에는 공식에 대한 유도 과정, 증명 과정이 자세하게 설명된 후 공식이 나온다.

❷ 공식, 법칙 : 왜 원리를 알아야 할까?

이유 1. 어떤 공식을 적용할지 쉽게 알 수 있다

근의 공식을 외웠다고 치자. 그러나 막상 문제를 풀려고 하면 문제에 적용을 못해 못 푸는 문제가 생긴다. 그것은 단순 암기만 했기 때문이다. 공식, 법칙을 공부했다면 문제만 읽어 봐도 어떤 공식이 필요한지 알 수 있어야 한다. 공식이 나오기까지 유도 및 증명 과정, 원리를 충분히 이해하면서 학습하면 문제에 어떤 공식을 적용해야 하는지 쉽게 알 수 있다.

이유 2. 응용력이 생긴다

혹시 응용력을 높인답시고 문제만 많이 풀고 있지는 않나? 그런데 문제가 조금이라도 응용, 변형되면 손도 못 대는 경우가 있을 것이다. 아무리 많은 문제를 풀어 본들 똑같은 문제는 시험에 나오지 않는다. 간혹 비슷한 유형의 문제가 나온다 해도 '못 보던 문제인데……' 하며 또 틀린다. 옷을 바꿔 입었다고 사람이 변하지 않듯 수학도 패션쇼처럼 여러 옷을 바꿔 입지만 본질은 같다. 문제가 다양하게 변형되어도 문제에 접근하는 핵심 원리는 변하지 않는다는 말이다. 공식이 나오기까지 유도 및 증명 과정, 원리를 충분히 이해하면서 학습하면 문제가 변형되어도 핵심 원리를 알아 문제를 해결할 수 있다.

이유 3. 기초가 탄탄해진다

곱셈을 공부하다 보면 당연히 덧셈의 원리를 알아야 하고 나눗셈을 공부하다 보면 당연히 곱셈의 원리를 알아야 한다는 사실을 깨닫게 될 것이다. 수학은 이전에 배운 원리가 현재 배우는 단원의 원리로 작용하고 현재 배우는 단원의 원리가 나중에 배울 단원의 원리로 작용하게 된다. 이것을 단원 간 연계성이라 하는데 학년이 올라갈수록 수학이 어려워지는 이유는 바로 단원 간 연계성이 큰 과목이기 때문이다. 만약, 지금 원리를 제대로 이해하지 않고 넘어간다면 다음에도 이해하지 못하고 학년이 올라갈수록 더 모르겠는 상황이 반복된다. 공식이 나오기까지 유도 및 증명 과정, 원리를 충분히 이해하면서 학습하는 것이 수학의 기초를 탄탄히 다지는 길이다.

공식과 법칙을 정복하기 위해 지켜야 할 원칙들

❶ 꼭 지켜야 할 공식, 법칙, 학습 원칙

원칙 1. 수업 시간을 최대한 활용해라

반 1등에게 혹시 원리 및 유도, 증명 과정을 처음부터 혼자서 하려고 하는지 물어보자. 장담컨대 특이한 몇몇 학생을 제외하고 그런 학생은 아무도 없을 것이다. 아무리 머리 싸매고 끙끙대 봐도 선생님의 설명만 한 것이 없다. 학교 수업 시간에 선생님의 설명 부분을 최대한 열심히 듣도록 한다. 수업 시간 선생님의 설명 속에는 논리의 흐름과 "왜?"에 대한 답이 있다.

원칙 2. 도저히 이해가 안되면 먼저 암기해라

원리 및 유도, 증명 과정을 집요하게 파고들어도 도무지 모르겠다면 암기하여 문제부터 풀어 보도록 한다. 보통 공식 법칙은 '이해-사고-암기-문제 풀이' 순으로 학습하는 것이 정석이지만 '이해-사고'의 과정에서 어려움이 크면 '암기-문제 풀이-이해-사고' 순으로 학습하도록 한다. 특히 물리 공식은 문제를 한번 풀어 봄으로써 이해가 더 잘되는 경우가 많다. 문제를 풀이하는 과정에서 공식과 법칙이 어떻게 활용되는지 확인하고 반드시 앞으로 돌아와 원리 및 유도, 증명 과정을 다시 학습하도록 한다.

❷ 공식, 법칙 5단계 학습법

공식, 법칙 내용만 나오면 어렵다고 엄살 부리는 학생들이 많을 것이다. 공식, 법칙 유도 과정 및 증명, 원리를 학습하는 방법인 공식, 법칙 5단계 학습법을 알아보자.

단계 1. 교과서의 설명을 꼼꼼히 읽는다

문제집에는 대부분 개념 설명이 단 한 줄로 요약, 정리되어 있지만 교과서는 그 한 줄의 결론을 내기 위해 굉장히 많은 설명을 하고 있다. 개념과 원리를 공부한다면서 언제까지 과정이 생략된 문제집 개념 정리 부분만 공부할 건가? 문제집의 개념 설명은 간단히 요약, 정리해 놓은 것일 뿐이다. 공식의 유도 과정과 증명, 원리가 자세히 써있는 교과서야말로 최고의 학습서라 할 수 있다. 공식, 법칙을 학습할 때는 반드시 설명이 많은 교과서로 학습하도록 하자. 그런데 교과서의 어느 부분을 읽어야 하는지 질문하는 학생들이 있다. 처음부터 끝까지 텍스트는 물론이요, 도표, 그림, 그래프 등 하나도 빠짐없이 모두 다 읽어야 한다. 교과서 첫머리의 기본 내용은 실생활과 연관을 지어 원리를 이해하게 하므로 꼭 읽고 생각해 봐야 한다. 다음으로 원리 및 유도 증명 과정이 나오는 부분은 그 공식과 법칙이 나오기까지의 원리를 설명하여 이해하게 하므로 꼼꼼히 읽어야 한다. 그 후 정리 부분은 요점과 핵심을 분명하게 알려 주기 때문에 꼭 다시 읽도록 한다.

단계 2. 원리 및 유도, 증명 과정을 써 본다

1단계를 거치면 바로 다음으로 넘어가는 경우가 많은데 그 전에 꼭 해야 할 일이 있다. 원리 및 유도, 증명 과정을 써 보는 일이 바로 그것이다. '꼼꼼히 읽고 이해하면 됐지. 왜 또 써야 하나?'라고 생각하고 있는가? 진정으로 그 내용을 다 알고 있다고 믿고 있는 것인지? 읽어만 보는 것보다 고민하여 손으로 쓰는 것이 더 잘 외워지고 내용도 잘 이해된다. 원리 및 유도, 증명 과정은 꼭 직접 옮겨 적도록 하고 옮겨 적을 때는 글씨를 그대로 베껴 쓰는 것이 아니라 논리의 흐름에 맞게 요약하고 왜 그러한지를 생각하며 적어야 한다. 즉, 흐름에 따라 요약하고 왜 그러한지 생각하며 옮겨 적는 것이다. 쓰면서 '논리의 흐름을 몰라 요약도 못하겠고 왜 그러한지 이유도 모르겠는데 꼭 써야 하나?' 하고 생각할 수도 있을 것이다. 그러나 아예 포기하고 안 하는 것보다 이해가 안돼도 한 번쯤 고민하고 써 보는 편이 훨씬 낫다.

단계 3. 핵심에 빈칸을 뚫어 흐름을 익힌다

원리 및 유도, 증명 과정에서 중요한 내용을 짚어 빈칸을 뚫도록 한다. 그러고 나서 책을 보지 않고 처음부터 읽어 내려가며 논리의 흐름을 생각하여 빈칸을 채워 본다.

단계 4. 암기하여 테스트한다

원리 및 유도, 증명 과정에 대한 이해가 끝났다면 공식, 법칙을 암기하도록 한다. 원리 및 유도, 증명 과정을 학습했다고 해서 공식, 법칙을 암기하지 않아도 된다는 것은 아니다. 앞의 과정을 거치면 자연스럽게 암기되는 부분도 있겠지만 아직 확실히 암기가 된 것은 아니기 때문이다. 더욱이 시험 문제를 풀 때는 암기한 내용이 많은 도움이 된다. 특히 수학은 시험 시간이 모자라는 경우가 많다. 짧은 수학 시험 시간에 쉬운 공식조차 유도하고 있다면 아는 문제도 못 풀게 되는 경우가 생길 수 있다. 빠르게 공식을 머릿속에서 꺼내 문제에 적용할 수 있도록 공식 법칙을 암기해야 한다. 그리고 암기한 공식 법칙을 안 보고 손으로 써 보는 백지 테스트나 설명을 통한 자가 테스트로 확인한다.

단계 5. 간단한 문제에 적용한다

학습한 공식, 법칙을 관련된 기본 문제에 적용하여 공식이 어떻게 활용되는지 확인한다. 보통 교재의 경우 공식 밑에 바로 나와 있는 기본 문제가 이에 해당된다.

03

그래프와 실험의
중요성

❶ 그래프, 실험 결과는 사고력의 힘

공식이 갑자기 생각나지 않아도 그래프를 제대로 볼 줄 안다면 문제를 풀어 낼 수 있는 것들이 있다. 이는 그래프나 실험 결과를 논리적으로 해석하는 힘을 길러야 한다는 말이다. 그래프의 축, 개형 등을 보고 현상을 설명하거나 실험의 과정과 결과를 이해하고 현상을 설명할 수 있는 힘을 기르는 것이 필요하다.

❷ 그래프, 실험 결과가 왜 중요할까?

이유 1. 과학 문제의 대부분이 실험 과정, 결과의 해석과 그래프 해석에 관한 내용이다

선생님들은 법칙이나 공식과 실험 데이터가 맞아 들어가는 것을 기반으로 문제를 내고 싶어 하기 때문에 실험과 그 결과는 시험 문제화되기 쉽다는 걸 꼭 기억하자. 실제로 과학 문제집을 펴 보면 그래프 문제와 실험 문제로 가득하다는 사실을 발견하게 될 것이다. 또한 2010년 대수능 과학탐구영역에는 실험과 그래프 관련 문제가 약

61%(160문제 중 약 98문제)나 출제되었다.

이유 2. 단원의 핵심 내용을 파악할 수 있다

단원의 핵심 내용이 무엇인지 가장 빨리 파악하는 방법은 바로 학습 목표 아래 실행되는 실험을 파악하는 것이라 하겠다. 학습 목표를 통해 단원의 큰 가닥을 잡은 후 학습 목표 아래 실행되는 실험 내용을 살펴보면 단원의 핵심 내용을 파악할 수 있다. 즉, 실험에서 알아보고자 하는 것이 그 단원의 핵심 내용인 것이다.

이유 3. 막연한 자연 현상을 구체적으로 와 닿게 한다

우리 몸의 세포가 분열을 한다거나 자기장의 분포 등 자연 현상은 너무 커서 와 닿지 않는 경우가 대부분이다. 이를 보완해서 손에 잡히고 눈앞에 보이게 만든 것이 실험이다. 과학 공부는 특정 자연 현상에 대해 그 현상이 일어나는 원인을 이해하고 설명하려 노력하는 것이고 그중에서 실험은 특정 자연 현상을 축소해 그 원인을 밝히고 이해하는 데 도움을 준다.

04

그래프와 실험을
공부하는 방법

❶ 실험 학습 3단계

단원의 주제가 전개된 후 항상 등장하는 실험은 어떻게 공부해야 할까? 그 방법에 대해 알아보자. 다음 실험 학습 3단계를 기억하자.

단계 1. 실험 목표를 꼭 확인한다

실험 목표는 그 실험을 왜 하는지의 정보를 알려 주며 보통 '…을 이해/설명/확인할 수 있다'와 같이 주어진다. 이 과정에서 꼭 확인해야 할 부분은 제시된 실험 내용에 관한 배경지식이 있는지, 그 실험을 통해서 얻어야 할 결과가 무엇인지 확인하는 것이다. 예를 들어 학습 목표가 '온도와 기체 간 부피의 관계를 설명할 수 있다'와 같이 주어졌다면 배경지식으로 기체의 부피의 의미가 무엇인지 알고 있는지와 온도가 변하면 기체의 부피가 변화한다는 것을 알아야 한다. 또, 온도와 기체의 부피 사이의 관계에 대한 결과를 꼭 얻어야 할 것이다.

단계 2. 실험 과정을 낱낱이 파헤친다

여기서 말하는 실험 과정이란 그 실험을 하는 데 필요한 준비물이나 실행 순서 및 방법, 유의점 등의 정보다. 그런 다음 준비물의 용도와 사용 방법을 확인하고 실험 과정의 순서, 실험에서 그 과정을 거쳐야 하는 이유 등을 파악해야 한다. 예를 들어 준비물의 용도와 사용 방법은 '스티로폼은 컵의 온도를 유지하는 용도이다' '고무찰흙은 유리관의 공기의 출입을 막기 위한 용도로 쓰인다'가 될 것이다. 또, 실험 과정 순서는 '색소를 녹인 물 한 방울을 넣고 시약병 뚜껑을 닫은 다음 시약병 뚜껑의 연결 부분을 고무찰흙으로 막는다. 비커를 스티로폼에 넣은 후 20ml의 물을 넣고 잘 섞는다'처럼 실험 과정을 충분히 숙지한다. '왜 색소를 탄 물을 이용할까? 왜 고무찰흙으로 막을까? 왜 온도가 일정할 때 눈금을 읽을까?'는 그 과정을 거쳐야 하는 이유 부분에 해당된다.

단계 3. 실험 결과를 정리하여 분석한다

실험으로부터 얻은 데이터 결과를 정리하고 실험 결과로부터 알고자 하는 의미를 도출하는 것이 과학 실험의 목적이다. 그러므로 실험 결과 및 정리는 당연한 과정이다. 이 과정에서는 실험으로부터 얻은 값을 계산하여 표나 그래프로 그려서 정리하거나, 실험을 통해 원인을 밝혀 결과를 찾고 실험 목표의 답을 찾는 등 그 실험의 의미를 도출해야 한다.

❷ 실험 종류에 따른 학습법

실험이라고 해서 다 같은 방법으로 학습하는 것은 아니다. 실험 종류에 따라 학습법도 다르다. 다음을 통해 실험 종류에 따른 학습법을 알아보자.

유형 1. 순서가 중요한 실험

뿌리 세포를 관찰하기 위해 뿌리 세포를 중탕하고 아세트산카민 용액을 첨가하는 등 어떤 과정 전에는 무엇을 하고 그 과정 다음에 무엇을 하느냐가 중요한 실험은 반드시 순서를 써 보고 암기해야 한다. 당연히 순서를 묻는 문제가 시험에 출제될 확률이 높기 때문이다.

유형 2. 방법이 중요한 실험

염소산나트륨과 물 분해 장치를 나타낸 그림처럼 사용되는 약품 및 도구가 중요한 실험은 특이한 약품 및 도구의 용도와 특징을 암기해야 한다.

유형 3. 원인과 결과가 중요한 실험

철가루와 황가루를 섞은 다음 하나는 가열하지 않고 그냥 묽은 염산을 넣고 다른 하나는 가열한 후 묽은 염산을 넣은 것은 그 결과가 다르게 나타날 것이다. 이는 혼합물과 화합물의 차이점을 보여 주기 위한 실험이며 실험에서 나타난 현상의 원인을 밝히는 것이 중요한 실험이라 하겠다. 이런 실험은 실험 결과를 정확히 설명하고 왜 그러한 결과가 나왔는지 설명해 보면서 결과와 이유를 확인하며 학습해야 한다.

유형 4. 그래프가 중요한 실험

이 유형의 실험은 운동하는 물체의 시간에 따른 이동거리 등 그래프로 정리되는 실험을 모두 포함한다. 실험 결과를 정리하여 나타낸 그래프를 해석하는 것이 중요한 실험이며 그래프의 축, 개형, 변환점 등을 살펴 학습한 후 직접 그려 설명하는 과정이 필요하다. X축과 Y축이 나타내는 값과 단위는 무엇인지, 그래프의 개형은 곡선/직선/일정/계속 증가/계속 감소인지, 특정한 값의 점은 무엇 때문에 그러한지 직접 그려서 설명할 수 있어야 한다.

실험 학습이 끝나면 반드시 해야 할 것이 있다. 내가 선생님이 된 것처럼 친구에게든 혼잣말이든 설명해 보면서 100% 이해하지 못한 부분을 완벽하게 내 것으로 만들어야 한다.

05

지도와 도표의
중요성

지도, 도표 사고력이란 학습 내용을 지도나 도표와 연관지어 학습할 수 있는 힘을 말한다.

❶ 삽화가 아니야

다가오는 기말고사에 특별히 국사를 정복해 주겠다는 학생이 있다. 국사 교과서를 미친 듯이 읽고 또 읽고 또 읽었다. 그러나 결과는 생각만큼 나오지 않았다. 왜 그런 걸까? 이 학생은 교과서의 텍스트만 열심히 읽어 '서희가 소손녕과의 담판으로 강동 6주를 획득하고 압록강 유역을 회복했다'라는 내용은 잘 외우고 있었지만 막상 지도에서 강동 6주가 어디 있는지를 몰랐던 것이다. 교과서는 글만 있는 게 아니며 또한 교과서는 글만 읽는 게 아니다. 지도, 그림, 도표는 중요 학습 내용이며 자료다.

❷ 지도, 도표 왜 중요할까?

이유 1. 사회과 시험 문제의 2/3가 지도나 도표 등과 함께 출제된다

최근 수능의 11개 사회탐구영역 선택 과목들을 살펴보았더니 이 중에서 그림이나 도표, 지도, 그래프, 사례, 사료, 통계 자료 등을 활용한 문제의 비율이 무려 2/3였다. 이런 것들이 교과서가 제시하는 가장 중요한 힌트들이기 때문이다. 그러므로 지도, 도표, 그림 등을 무시해서는 절대로 좋은 점수를 받을 수 없다.

이유 2. 학습 내용의 정리와 이해를 돕는다

아무리 본문 내용의 설명이 자세히 나와 있어도 지도나 도표를 참고하지 않으면 단순한 텍스트의 나열에 지나지 않는다. 그러나 지도나 도표를 참고하게 되면 내용 이해가 좀 더 쉬우면서도 내용을 명확히 파악할 수 있게 된다.

이유 3. 무엇이 중요한지 알 수 있다

교과서란 자고로 한 학기에 과목당 한 권씩 사용하게 된다. 그렇게 한정된 페이지에 중요하지 않은 그림이나 도표 등을 굳이 넣었을까? 관련된 지도, 도표 등이 교과서에 실려 있다는 것은 그 내용이 중요하다는 것으로 볼 수 있다.

지도나 도표를
공부하는 방법

❶ 지도, 도표, 사진, 그래프 읽기

공부할 때 나오는 지도, 도표, 사진, 그래프는 눈으로만 '보는 것'이 아니라 '읽는 것'이다. 따라서 지도, 도표, 사진, 그래프 속의 학습 내용을 찾을 수 있어야 한다.

원칙 1. 지도는 위치, 이동 경로, 분포가 중요하다

예를 들어 국사 과목에서 지도가 나왔을 때는 '이 지도는 신라 6세기 진흥왕 때의 지도구나 → 신라의 영토 확장 지점에 비석이 세워지고 있네 → 진흥왕이 영토를 확장한 경로를 알 수 있겠구나'처럼 사고의 흐름이 진행된다. 지리 과목일 경우 '원자력 발전소와 수력 발전소의 분포구나 → 원자력 발전소는 해안가, 수력 발전소는 하천에 있네 → 왜 각각 해안가와 하천에 위치하고 있을까?'와 같이 사고의 흐름이 진행될 수 있다.

원칙 2. 도표는 비교, 분류, 흐름 파악이 중요하다

사회 과목에서 '정보의 가치 변동'이라는 도표가 나왔다고 가정하자. 그 도표를 보고 '시대에 따른 사회 구조의 변화를 정리한 표구나 → 시대에 따른 가치, 산업, 기반, 상품을 비교했네 → 가치, 산업, 기반, 상품이 이렇게 변했구나'처럼 비교, 분류, 흐름 파악을 해야 한다. 또, 'GDP와 GNP의 관계'라는 도표가 나왔을 때 'GDP와 GNP가 어떻게 다른지 보여 주고 있네 → GDP는 GNP에서 내국인의 해외 소득을 빼고 외국인의 국내 소득을 더한 것이구나 → 국제화에 따라 GNP보다는 GDP가 더 중요해졌군'처럼 도표를 분석해 내는 것이 필요하다.

원칙 3. 사진은 시대, 명칭, 쓰임 파악이 중요하다

국사 과목에서 '측우기'의 사진이 나왔다고 했을 때 '강수량을 측정하는 기구군 → 15세기 조선의 뛰어난 과학 기술의 발달을 의미하지 → 혼천의, 해시계도 당시 과학 기술을 보여 주고 있지'와 같이 시대적 의미, 기구의 명칭, 쓰임의 용도 등을 파악하여 공부하는 것이 바람직하다.

원칙 4. 그래프는 축, 수치 변화, 모양이 중요하다

사회 교과서에 '수도권의 인구 변화'라는 그래프가 나왔다면 '연도에 따른 수도권의 인구수 변화구나 → 서울 인구는 1990년까지 늘다가 차츰 줄어드네 → 그러면서 경기도 인구가 늘었네 → 그때부터 서울 주변에 신도시가 생겨났구나'를 파악할 수 있어야 한다.

❷ 지도, 도표 사고력을 키우는 교과서 읽기

교과서와 지도, 도표는 떼려야 뗄 수 없는 사이다. 교과서 텍스트만으로는 완전 학습이 불가능하다. 또, 지도, 도표만으로는 완전 학습이 불가능하다. 즉, 교과서와 지도, 도표는 함께 공부해야 하는 것이다. 교과서의 내용을 지도, 도표로 표현할 수 있어야 하고 지도, 도표를 보고 교과서 내용을 말할 수 있어야 한다.

단계 1. 입력 : 교과서 읽기

교과서 본문을 읽으며 전체 흐름과 내용을 파악한다. 그런 후 지도, 도표를 읽은 내용과 연관시키며 확인한다. 지도, 도표에서 이해가 안되는 부분을 체크하여 교과서를 다시 읽으며 체크한 부분의 답을 찾아본다.

단계 2. 출력 : 교과서 내용 확인하기

지도, 도표만 보면서 해당 내용을 백지에 쓰거나 말로 설명해 본다. 또, 반대로 본문 내용에 해당하는 지도나 도표를 백지에 그려 본다. 지도, 도표를 그릴 때 똑같이 따라 그리는 것에 신경 쓰기보다는 지도, 도표에 나와 있는 포인트를 바르게 표시할 수 있는지에 중점을 두도록 한다.

끊어 읽기와 직독 직해의 중요성

❶ 찍기는 이제 그만

중학교 때는 영어 문장의 길이가 짧기 때문에 문장을 분석하는 것에 대한 필요성을 못 느끼거나 단어만 몇 개 알아도 대충 찍기식 문장 파악이 가능하다. 그러나 고등학교의 문제는 문장 길이가 길어질 뿐만 아니라 문장 구조가 복잡해지며 어휘 수준 역시 어려워진다. 10,000개의 단어를 외워도 제대로 독해하지 못한다면 아무 소용이 없다. 이럴 때 필요한 것이 독해 사고력이며 여기서 말하는 독해 사고력이란 직독 직해, 끊어 읽기로 올바르게 독해할 수 있는 힘을 말한다.

❷ 왜 끊어 읽기와 직독 직해인가?

독해 사고력의 기반이 되는 끊어 읽기와 직독 직해가 왜 중요하고 어떻게 도움이 되는지 알아보자.

끊어 읽기 1. 밀도 있는 공부를 할 수 있다

지문 속에 완벽하게 해석할 수 없는 문장이 있었는데 답을 맞혔다고 그냥 넘어간 경험이 있을 것이다. 그러나 이런 문장이 나중에 정답과 관련된 문장으로 나오면 틀리게 마련이다. 맞힌 문제라도 끊어 읽기를 해 보는 습관을 가지면 놓치는 문장 없이 보다 밀도 높은 독해 공부를 할 수 있다.

끊어 읽기 2. 문제 풀이 집중력을 향상시킨다

눈은 분명히 문장을 읽고 있는데 내용이 머리에 잘 들어오지 않는 상황이 있었는지? 평소 끊어 읽기를 습관화하면 자신이 어떤 부분을 읽고 있는지 확실히 머릿속에 넣고 독해할 수 있기 때문에 이런 증상을 극복할 수 있다.

직독 직해 1. 독해 속도가 빨라진다

직독 직해는 문장을 읽는 동시에 해석함을 말한다. 영어를 한글로 해석하지 않고 영어 그 자체로 받아들이므로 한글로 해석하여 받아들이는 사람보다 독해 속도가 빠를 수밖에 없다.

직독 직해 2. 문제 풀이 속도가 빨라진다

영어를 영어로 받아들이는 능력은 문제를 풀 때도 발휘된다. 문제를 풀 때 지문의 정보를 머릿속에 영어로 담으면 한글로 해석할 필요가 없어 문제 푸는 시간이 절약된다.

끊어 읽기와 직독 직해의
구체적 방법

❶ 끊어 읽기

끊어 읽기란 문장을 의미덩어리로 끊어서 읽는 것을 말한다. 즉, 문장 구조를 분석하여 의미덩어리로 끊어서 읽는 것이다. 끊어 읽기의 기준이 되는 '의미덩어리'는 문장을 구성하는 요소들 중 뜻을 가지고 있어 문장 전체의 의미에 영향을 끼치는 것을 말하며 주어, 동사, 보어, 목적어, 수식어 등이 있다. 정리하면 끊어 읽기는 문장을 주어, 동사, 보어, 목적어, 수식어 등으로 나누어 읽는 것을 말한다. 앞에서 말한 것처럼 끊어 읽기를 하기 위해서는 기본적인 영문법 지식이 필요하다. 잘 모르겠다면 영문법 교재에서 '문장의 요소와 품사'에 관한 부분만이라도 공부한 뒤 시작하도록 하자. 지금부터 끊어 읽기의 원칙에 대해 알아보자.

원칙 1. 의미덩어리로 끊는다

– 주어가 길면 주어 뒤에서 끊는다

예를 들어 "You and I / are good friends."라는 문장에서는 'You

and I'라는 주어가 길기 때문에 이 뒤에서 끊어 준다. 또한 "To tell a lie / is wrong."에서 주어는 'To tell a lie'가 되며 이 역시 길기 때문에 그 뒤에서 끊어 준다.

– 동사 뒤에서 끊는다

"She wants / to be a doctor."처럼 동사인 'wants' 다음에, "He is always complaining / about his small salary."처럼 'is always complaining' 뒤에서 끊어 준다.

– to부정사, 동명사 앞에서 끊는다

"My dream is / traveling in Europe." "He went abroad / to study economics."처럼 동명사나 to부정사 앞에서 끊어 준다.

– 전치사 앞에서 끊는다

"The city is / between Seoul and Busan." "He was sick / for three weeks."에서 전치사인 'between'과 'for' 앞에서 끊어 준다.

– 접속사나 관계사 앞에서 끊는다

"I know / that he wants to marry her." "We didn't swim / because the water was cold." "I know the boy / who broke the window."처럼 접속사인 'that'과 'because', 관계대명사인 'who' 앞에서 끊어 준다.

– 숙어, 관용구는 하나의 덩어리로 간주한다

"I need a pair of shoes."에서는 "I need / a pair / of shoes."가 아니라 "I need / a pair of / shoes."로 끊어 준다. 원래대로라면 전치사 'of' 앞에서 끊어 준다는 원칙을 따라야 하지만 'a pair of'는 관용구로 '한 쌍의'라는 의미를 나타내므로 하나의 의미덩어리로 간주하고 of 뒤에서 끊어 준다.

원칙 2. 동사 → 주어/목적어 → 수식어 순서로 찾는다

"Roman doll-makers continued to use technology developed by the Greeks."라는 문장을 예로 들어 보자. 우선, 동사를 찾는다. 'continued'가 된다. 그런 다음 주어와 목적어인 'Roman doll-makers' 'to use technology'를 찾는다. 그 후 수식어인 'developed by the Greeks'를 찾아 주면 된다.

원칙 3. 쉽게 해석되는 문장은 굳이 끊지 않는다

우리의 목표는 잘 끊는 것이 아닌 정확하고 빠른 독해다. 문장을 끊지 않고 눈으로만 봐도 이해가 된다면 굳이 끊을 필요가 없다. 같은 문장이라도 독해 실력에 따라 끊어지는 횟수가 달라지게 된다. 예를 들면 "She likes to go to see a movie."라는 문장에서 독해력이 좋은 학생이라면 끊지 않고 바로 독해를 하겠지만 동사인 likes 뒤에서 한 번 끊어 주거나 to부정사인 to see 앞에서 한 번 더 끊어 주는 학생도 있을 것이다.

❷ 직독 직해

직독 직해는 '그대로 읽고 그대로 해석한다'라는 말이다. 다시 말하면 영어 문장을 우리말로 매끄럽게 옮기는 과정 없이 영어식 사고로 바로바로 해석하는 것이다. 직독 직해의 원칙에 대해 알아보자.

원칙 1. 번역하지 않는다

"If people have a certain kind of protein in their blood, they are Rh⁺ blood type."이라는 문장을 우리말로 번역하여 "사람들의 혈액 속에 어떤 특정한 종류의 단백질이 있으면 그들의 혈액형은 Rh⁺이다."로 바꾼다고 해 보자. 영어 문장을 우리말로 매끄럽게 만드느라 시간도 오래 걸리고 영어 문장을 앞뒤로 왔다 갔다 하면서 읽어야 한다. 그렇게 번역을 하지 말고 있는 그대로 받아들이는 과정이 필요하다.

원칙 2. 끊어 읽기 후 앞에서부터 순서대로 해석한다

"If people have a certain kind of protein in their blood, they are Rh⁺ blood type."이라는 문장을 "If / people have / a certain kind of protein / in their blood, / they are / Rh⁺ blood type."처럼 끊고 "만약 / 사람이 가지고 있다면 / 어떤 특정한 종류의 단백질을 / 그들의 핏속에 / 그들은 / Rh⁺형이다."처럼 순서대로 해석한다. 우리말로 매끄럽지는 않지만 의미를 파악하는 데 전혀 무리가 없고 한 번에 빠르게 읽을 수 있다.

원칙 3. 영어를 영어 그 자체로 받아들인다

'smart'라는 단어를 봤을 때 '영리하다'라고 굳이 우리말로 번역하지 않을 것이다. 단어를 보는 순간 번역 없이 바로 의미가 파악되기 때문이다. 또, "Hello. My name is May."라는 문장을 읽을 때 "안녕. 내 이름은 메이야."라고 하나하나 번역하지 않을 것이다. 문장을 읽는 순간 번역 없이 바로 의미가 파악되기 때문이다. 이것이 바로 영어를 영어 그 자체로 받아들이는 것이다. 처음에는 익숙하고 쉬운 문장으로만 가능하지만 영어를 그 자체로 받아들이려 의식적으로 노력하고 훈련하면 점차 길고 어려운 문장으로도 가능하게 된다.

4장

정리

노트 필기하라는 데는
이유가 있다

❶ 필기의 효과는 반드시 나타난다

아무리 수업을 열심히 들어도 적어 놓지 않으면 나중에 기억이 나지 않는다. 아무리 여러 번 봤어도 표시해 놓지 않으면 무엇이 중요한지 알 수 없게 된다. 그래서 노트 필기가 필요한 것이다. 노트 필기란 학습 내용을 스스로 구조화하여 노트에 정리하는 것이며 어떤 형태로 머릿속에 넣을지 결정하는 과정과 어떤 정보를 선별할지 결정하는 과정을 모두 포함한다. 노트 필기를 따로 하는 것이 시간 낭비라고 생각되는가? 그것은 큰 오해다. 특목고나 명문대에 합격한 '공신(공부의 신)' 혹은 '공달(공부의 달인)'들은 대부분 노트 필기의 달인이었다고 해도 과언이 아니다. 서울대 자유전공학부에 진학한 문성원은 〈노트 필기 1등급 공부법〉이라는 책도 냈고 스스로 노트 필기에 대해서 말하길 "전교 180등의 성적에서 서울대까지 갈 수 있었던 1등 공신은 바로 노트 필기 습관이었습니다. 노트 필기는 수업 시간을 제대로 활용하는 방법이자 궁극적으로 성적을 올리는 비결입니다."라고 했다. 또 다른 노트 필기의 신 심여진(연세대학교 경제학부,

영재에게 공부 노하우를 전수받는 과정을 그린 프로그램에 출연)은 노트 필기에 대해 말하길 "노트 필기를 하면 수업 시간에 보다 집중해서 설명을 듣게 되고 자연스럽게 머리에서 정리가 되는 일석이조의 효과를 얻을 수 있다."라고 했다. 이렇듯 노트 필기는 절대 시간 낭비가 아니라는 것을 기억하자.

❷ 노트 필기하라는 데엔 이유가 있다

이유 1. 자기 주도적 공부 습관을 키울 수 있다

남이 정리해 놓은 것을 단순히 보고 베끼는 것은 자기 주도적 공부라 할 수 없다. 이는 수동적, 주입식 공부라고 한다. 배운 내용을 스스로 정리하면서 나만의 노트를 만드는 것이야말로 자기 주도적 공부라 할 수 있다. 노트 정리란 배운 내용을 스스로 정리해 보는 기회를 가지고 이를 통해 새로 배운 것을 나에게 딱 맞게 다시 구성하기 위한 것이다. 남이 정리해 놓은 것을 똑같이 따르는 것이 아닌 나에게 꼭 필요한 내용들로 스스로 노트를 만들어 보는 것이 자기 주도적 공부 습관의 첫 시작이다.

이유 2. 중요한 내용을 외우기 쉽게 만들어 주는 무기가 된다

다음 숫자들을 3초 안에 암기해 보자. '12, 31, 23, 41, 23, 45' 좀 어려운가? 그럼 이 숫자들을 2초 안에 외워 보자. '123, 1234, 12345' 훨씬 편하게 느껴질 것이다. 같은 숫자지만 어떻게 정리하느냐에 따라 기억에 남는 정도가 다르다. 배운 내용을 보기 편하게 정리하면 오래 기억하는 데 도움이 되고 시간이 지난 후에 다시 펴 보아도 공부한 내용이 훨씬 잘 떠오른다.

이유 3. 손으로 쓰는 것은 학습 능력을 올려 준다

우리의 머릿속에 있는 대뇌, 그 뇌를 전문적으로 연구하는 사람들에 의하면 대뇌 피질에 있는 운동 중추 면적의 30%가 '손'에 몰려 있기 때문에 손을 움직이는 행위는 뇌를 자극해 학습 능력을 올려 준다고 한다. 항상 손을 움직이는 것이 필요할 것이다.

이유 4. 손으로 쓰는 것은 두 번 읽게 만든다

노트 정리를 위해 배운 내용을 읽으면서 한 번, 손으로 쓰면서 다시 한 번. 이렇게 노트 필기를 하면서 자연스럽게 두 번의 복습을 하게 된다.

이유 5. 공들여 만든 노트는 자꾸 펼쳐 보게 된다

내가 열심히 정리해서 만든 노트라면 당연히 소중하게 느껴질 것이다. 자꾸 펴 보게 되고 그만큼 공부하게 되는 것이다.

이유 6. 잘 정리된 노트는 시험 때 빛을 발한다

잘 정리된 노트는 수업의 핵심 내용과 주요 포인트, 기본서 외의 내용까지 모두 포함하고 있어서 완벽한 시험 대비를 위한 최고의 학습 도구가 된다.

02

노트 필기
실전 비법

❶ 필기할 때 이것만 지키자

노트 필기로 성공한 사람들이 많은 만큼, 수많은 노트 필기법이 나오고 있다. 그럼 그 수많은 노트 필기법 중 어떤 필기법이 가장 좋을까? 그 답은 '스스로 찾아내고 발견해 낸 방법'이다. 머릿속에 이해한 것을 나만의 방식으로 구현한다는 느낌으로 작성하는 것이 좋다. 다만, 노트 필기는 내가 찾은 방법으로 하되 꼭 지켜야 하는 원칙이 있음을 기억하자.

원칙 1. 준비물을 챙겨라

펜 색은 3가지면 충분하다. 검은색은 본문 내용, 파란색은 보충 설명, 빨간색은 중요한 내용을 필기할 때 사용한다. 간혹 형형색색 알록달록한 펜으로 필기하는 경우가 있는데 중요한 내용과 본문 내용 간의 구분이 모호해져 좋지 않다. 3가지 색으로만 진행하도록 하자. 그리고 문제 풀이할 샤프와 지우개를 더하고 중요 표시할 강조 펜 하나를 더하면 필기구 준비는 끝이다. 노트는 500원짜리로 필기 과목마다 1권씩 준비한다. 교과서에 바로 필기하는 과목은 따로 노트를 만들지 않아도 상관없다. 그리고 보충 설명 공간이 부족할 경우를 대비해 포스트잇을 준비한다.

원칙 2. 나만 알아보면 된다

노트 필기는 남에게 보이려고 하는 것이 아니다. 나만 알아보면 되는 것이다. 노트 필기의 목적은 남에게 보이기 위한 것이 아니라 나 자신이 잘 알아볼 수 있도록, 공부하기 편하도록 하는 것이다. 예쁘게 하려고 하는 것은 시간 낭비다. 글씨를 마구 휘갈겨 써도 내가 알아보고 공부할 때 효율적이라면 성공적인 노트 필기를 했다고 할 수 있다.

원칙 3. 필기 전 내용을 살펴봐라

필기하기 전 먼저 필기할 내용을 살펴본 후 시작하도록 하자. 그렇게 하면 무엇이 중요한 내용이고 무엇이 조금 덜 중요한 내용인지 구분하여 필기의 비중을 정할 수 있고 내용을 구조화시키고 가공하는 데 도움을 준다.

원칙 4. 수업 시간 필기는 자세히 한다

수업 시간에 선생님이 칠판에 적은 내용만 필기하거나 보조 프린트 내용만 필기하는 경우가 있는데 그것보다는 선생님이 설명하고 있는 것이 더 중요한 경우가 많다. 선생님이 수업 시간에 하는 설명을 자세히 기록해 놔야 나중에 이해한 수업 내용을 쉽게 떠올릴 수 있다. 즉, 수업 중 노트 필기는 나중에 봤을 때 이해한 수업 내용을 쉽게 떠올릴 수 있도록 해야 하므로 수업 중 필기는 되도록 모든 정보를 빠뜨리지 않되 간략하게 기록한다.

원칙 5. 혼자 정리하는 필기는 간단히 한다

혼자 정리하는 노트 필기는 기억해야 할 것을 활용하기 편하게 정리하는 것이 목적이다. 혼자 정리하는 노트 필기는 반드시 기억해야 할 것, 절대 잊어버려서는 안 되는 것만 선별한 뒤 압축, 가공해서 필기하자.

원칙 6. 노트로 복습을 계획해라

이렇게 공들여 정리한 노트를 시험 때가 돼서야 펼쳐 본다면 아무 쓸모도 없는 것이라 하겠다. 기억된 것이라도 몇 번이고 반복하여 재생시켜야 오래간다. 수업 당일 10~15분 정도를 투자하여 이해한 것과 이해하지 못한 부분을 표시하고 매주 버퍼 데이에 1시간 정도를 배정하여 이해하지 못한 부분을 자기 것으로 만들어야 한다. 그리고 월말 버퍼 데이에도 1시간 정도를 배분하여 외워야 할 부분을 집중적으로 학습하는 것이 필요하다. 참고로 주간 버퍼 데이 학습 시간과 월간 버퍼 데이 학습 시간이 같은 이유는 복습이 거듭될수록 학습에 소요되는 시간이 줄기 때문이다.

원칙 7. 보조 자료로 정보를 보충해라

노트를 완벽한 내 무기로 만드는 방법은 보충 자료나 기타 프린트 자료를 보충하는 것이다. 또한 친구의 노트 필기나 수업 시간 프린트, 참고서 내용, 기출 문제 등으로 보충하면 보다 충실한 노트 필기가 완성된다.

❷ 필기는 이렇게 한다

코넬식 노트를 가지고 실제로 노트 필기를 해 본다. 참고로 코넬식 노트는 1950년대 미국 코넬대학의 월터 포욱 교수가 개발한 노트 필기법으로 노트 속지를 '구분, 단서, 필기'의 3개 영역으로 구분해 강의 내용을 기록함으로써 효과적으로 복습할 수 있도록 도와주는 양식이다.

단계 1. 단원명, 날짜, 쪽수, 학습 목표를 적는다

나중에 필요한 부분을 쉽게 찾기 위해 구분란에 단원명, 날짜, 쪽수를 맨 위에 눈에 잘 띄게 적는다. 그런 다음 학습 내용을 예측하고 중요 내용을 파악하기 위해 학습 목표를 적는다.

단계 2. 학습 내용을 기록한다

필기란에 학습 내용을 기록한다. 필기란에 기록할 때는 가능한 한 많은 정보를 빠짐없이 기록하되 간단명료하게 기록한다. 또, 간격을 충분히 두어 나중에 추가 기록할 수 있도록 하며 나만의 약자나

심벌 등을 사용하여 기록한다. ('☆ 매우 중요 / ※ 주의 / ? 의문 사항 / ↑↓ 증가, 감소 / Ⓐ 시험에 나옴' 등)

단계 3. 학습이 끝난 후 핵심 포인트를 적는다

학습 당일 공부가 끝나고 노트를 재검토하면서 머릿속에 떠오른 키워드나 질문을 단서란에 적는다. 단서란을 기록할 때는 시험에 출제될 문제를 미리 만든다고 생각하며 기록하도록 한다. 예를 들어 '백제가 멸망하게 된 배경은? / 백제의 멸망 후 모습은? / 삼국 통일의 역사적 의미는?'처럼 적어 둔다.

단계 4. 학습 주제를 요약한다

혼자 공부하면서 노트 전체 페이지를 두 줄 정도로 요약한다. '신라 & 당 연합하여 삼국 통일, 삼국 통일은 민족 문화의 기반을 마련함'처럼 요약하면 된다.

단계 5. 단서란에 메모한 것을 가지고 설명한다

필기란을 가린 후 단서란에 메모한 것을 가지고 자기 나름대로의 표현으로 학습 내용을 설명해 본다. 강의나 공부가 끝나고 노트를 재검토하면서 머릿속에 떠오르는 키워드, 질문 등 기억에 도움이 될 만한 내용을 채워 넣는다.

❸ 과목별 노트 필기 Tip

과목에 따라 각각 성격이 다르듯 노트 필기법도 다를 수밖에 없다. 상식적으로도 수학 노트와 사회 노트의 필기법이 같을 수는 없다.

• 국어 노트 필기 Tip

국어 과목은 교과서로 수업을 받고 노트 필기를 따로 하려면 문장 전체를 옮겨야 하기 때문에 국어 필기는 무조건 교과서에 한다. 참고서나 강의 등을 통해 보충한 내용은 수업 중에 필기한 펜 색과 다른 색으로 교과서에 첨가한다. 글의 갈래와 표현 방법, 특징, 성격, 문단 정리, 어려운 단어, 맞춤법 등의 주요 포인트는 별도의 노트에 정리해 둔다. 참고로 별도의 노트는 두고두고 보는 노트로 활용하면 된다.

• 영어 노트 필기 Tip

영어 과목 필기 역시 국어와 마찬가지로 교과서, 문제집에 바로 한다. 이 역시 참고서나 강의 등을 통해 보충한 내용은 수업 중에 필기한 펜 색과 다른 색으로 교과서에 첨가한다. 영어의 단어, 문법은 별도의 노트를 만들어 정리하도록 한다. 단어는 영어 단어장을 만들어 정리하고 문법은 영어 문법의 핵심을 정리하고 그에 따른 예문을 반드시 적는다.

• 수학 노트 필기 Tip

수학 노트를 계산용 연습장으로 생각하면 안 된다. 수학 노트에는 개념 정리 부분과 문제 풀이 부분을 모두 정리한다. 개념 정리 부분은 용어의 정의, 정리, 공식, 공식을 유도하는 과정을 적고 문제 풀이 부분은 문제의 핵심 키워드만, 풀이 과정은 또박또박 자세히 적고 선생님 설명이나 포인트는 중요 표시를 해 둔다.

• 사회 노트 필기 Tip

사회 과목은 문장만으로 이해하기 힘들다. 지도, 도표, 사진, 그래프, 연표를 적극 활용해서 정리한다. 요약된 참고서 개념 정리만 필기하는 경우가 있는데 교과서와 수업 시간 프린트 자료를 무시하면 안 된다. '교과서＋수업 시간 프린트＋참고서'를 모두 참고하여 정리한다.

• 과학 노트 필기 Tip

과학 과목에서 나오는 그림을 귀찮다고 안 그리는 경우가 많은데 그림 그리는 수고를 아끼지 말아야 한다. 그림을 그리면 현상과 원리를 한눈에 정리할 수 있다. 과학 노트에는 개념 정리 부분과 실험 정리 부분을 모두 정리한다. 개념 정리 부분은 용어의 정의, 공식, 특징, 그림으로 자연 현상과 원인 정리가 모두 들어간다. 실험 정리 부분은 실험 목표, 실험 과정, 실험 결과 정리, 그림/그래프/표로 정리가 포함된다.

*중I 사회 3단원 남부 지방의 생활

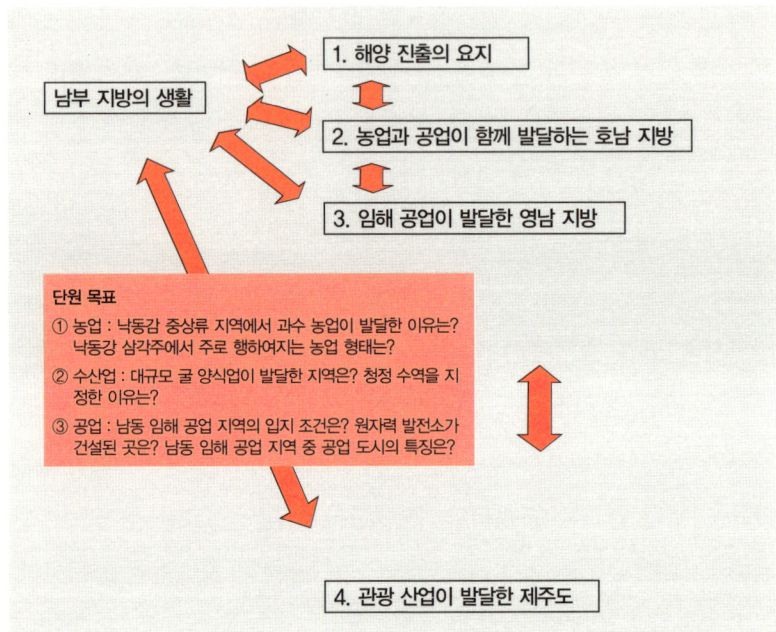

남부 지방의 생활

1. 해양 진출의 요지

2. 농업과 공업이 함께 발달하는 호남 지방

3. 임해 공업이 발달한 영남 지방

단원 목표
① 농업 : 낙동강 중상류 지역에서 과수 농업이 발달한 이유는? 낙동강 삼각주에서 주로 행하여지는 농업 형태는?
② 수산업 : 대규모 굴 양식업이 발달한 지역은? 청정 수역을 지정한 이유는?
③ 공업 : 남동 임해 공업 지역의 입지 조건은? 원자력 발전소가 건설된 곳은? 남동 임해 공업 지역 중 공업 도시의 특징은?

4. 관광 산업이 발달한 제주도

*중1 사회 3-3단원 임해 공업이 발달한 영남 지방

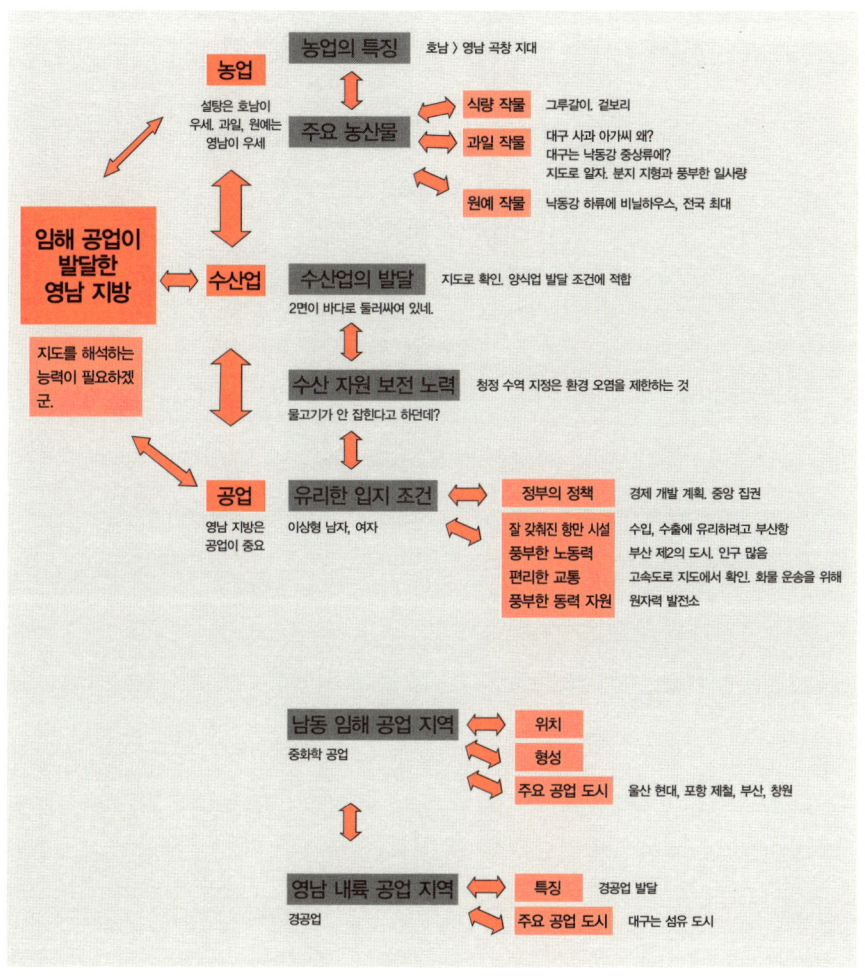

임해 공업이 발달한 영남 지방

지도를 해석하는 능력이 필요하겠군.

농업

설탕은 호남이 우세. 과일, 원예는 영남이 우세

농업의 특징   호남 〉 영남 곡창 지대

주요 농산물

- **식량 작물**   그루갈이, 겉보리
- **과일 작물**   대구 사과 아가씨 왜? 대구는 낙동강 중상류에? 지도로 일자, 분지 지형과 풍부한 일사량
- **원예 작물**   낙동강 하류에 비닐하우스, 전국 최대

수산업

2면이 바다로 둘러싸여 있네.

수산업의 발달   지도로 확인. 양식업 발달 조건에 적합

수산 자원 보전 노력   청정 수역 지정은 환경 오염을 제한하는 것

물고기가 안 잡힌다고 하던데?

공업

영남 지방은 공업이 중요

유리한 입지 조건

이상형 남자, 여자

- **정부의 정책**   경제 개발 계획, 중앙 집권
- **잘 갖춰진 항만 시설**   수입, 수출에 유리하려고 부산항
- **풍부한 노동력**   부산 제2의 도시, 인구 많음
- **편리한 교통**   고속도로 지도에서 확인, 화물 운송을 위해
- **풍부한 동력 자원**   원자력 발전소

남동 임해 공업 지역

중화학 공업

- **위치**
- **형성**
- **주요 공업 도시**   울산 현대, 포항 제철, 부산, 창원

영남 내륙 공업 지역

경공업

- **특징**   경공업 발달
- **주요 공업 도시**   대구는 섬유 도시

*학생이 노트 정리한 중2 사회 1단원 유럽 세계의 형성

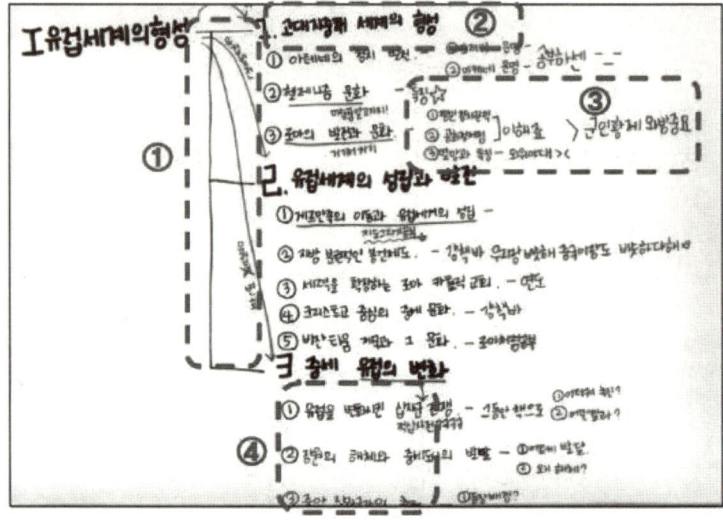

03

단어장,
왜 만들어야 하나

❶ 영어의 심장

'구슬이 서 말이라도 꿰어야 보배다'라는 말이 있듯이 영어에서 단어는 구슬과도 같다. 아무리 많은 단어를 알고 있어도 단어를 엮어서 문장을 이해하지 못한다면 아무 소용이 없다. 그런데 꿰어 볼 구슬조차도 없다면? 구슬을 꿰려면 구슬이 있어야 하듯 문장 안에 들어 있는 단어를 모른다면 아무것도 할 수 없다. 이렇게 중요한 영어의 심장이 바로 '단어'다. 단어를 빼놓고 영어 공부를 논할 수는 없다. 단어장 활용법이란 단어장을 올바르게 작성하고 효과적으로 활용하는 것이라 하겠다.

❷ 단어장, 이래서 만든다

이유 1. 모르는 단어를 한 권에 모을 수 있다

분명히 이전에 공부하면서 찾아봤던 단어인데 어디서 봤는지 가물가물해서 다시 찾았던 적이 있을 것이다. 독해집 단어 따로, 교과서 단어 따로, 문제집 단어 따로, 이렇게 따로따로 단어를 공부하다가 돌아서면 잊어버리기 십상이다. 교과서 단어, 독해집 단어, 문법책 단어, 일상 속 단어들을 모두 한 권으로 모아 필요할 때 바로바로 찾아 확인이 가능하게 나만의 맞춤 단어장을 만들 필요가 있다.

이유 2. 편하게 들고 다니며 자주 점검할 수 있다

'우선순위…, 뜯어먹는…, 능률…' 누구나 한 번쯤은 들어 봤을 유명 영단어 교재들이다. 하지만 없는 단어, 쉬운 단어도 많고 한 손에 들고 다니며 펼쳐 보기에는 조금 크다. 'Word M…, 어원편…, Word S…' 등 없는 단어가 없는 유명 영단어 교재들이다. 빵빵한 내용은 정말 좋지만 400~700페이지 분량인 데에다 가지고 다니면서 수시로 펼쳐 보기에는 너무 무겁다. 이에 비해 직접 만든 단어장은 들고 다니기 딱 좋은 크기에 내가 원하는 형식으로 내가 봐야 할 단어만 모아 놓았기 때문에 이것만 가지고 다니면 언제나 바로 점검이 가능하다.

이유 3. 내 손으로 정리하면 암기가 쉽다

단어장을 정리하면서 배운 단어들을 다시 확인하게 되고 손으로 쓰면서 집중하게 되므로 더 오래 기억에 남는다.

04

단어장 활용과
단어 암기 비법

❶ 단어장 활용은 이렇게

새로운 단어를 익혀서 자연스럽게 입으로 나올 정도가 되려면 최소한 17번을 보거나 말해 봐야 한다고 한다. 17번을 보기 위해서는 공부한 단어를 한군데로 모을 필요가 있으며 그것이 바로 단어장이다. 단어장 활용법을 알아보자.

단계 1. 세 칸으로 나눈 뒤 단어와 뜻을 채운다

단어장을 세 칸으로 나누어 '표시/단어/뜻, 예문' 등을 적는 칸을 만들고 단어와 뜻, 설명을 채운다. 참고로 뜻, 예문 등을 적는 마지막 칸은 단어에 따라 뜻, 품사, 예문, 동의어, 반의어, 파생어 등 다양한 정보를 적는다.

단계 2. 테스트하고 못 외운 단어는 V 표시를 한다

말 그대로 백지에 암기 테스트를 해 본 다음 못 외운 단어는 표시란에 체크를 한 번 한다.

단계 3. 수요일에 월~수요일 단어를 중간 점검한다

월~수요일 단어들 중 V 표시가 한 개 있는 단어들만 수요일에 테스트한 뒤 또 틀린 단어에 V 표시를 추가한다.

단계 4. 토요일에 목~토요일 단어를 중간 점검한다

목~토요일 단어들 중 V 표시가 한 개 있는 단어들만 토요일에 테스트한 뒤 또 틀린 단어에 V 표시를 추가한다.

단계 5. 일요일에 월~토요일 단어를 최종 점검한다

월~토요일 단어들 중 V 표시가 두 개 있는 단어들만 일요일에 테스트한 뒤 또 틀린 단어에 V 표시를 추가한다.

단계 6. V 표시가 3개 있는 단어는 수시로 복습한다

새로운 주가 시작되면 단계 1~3의 과정을 반복하되 이전 단어들 중 V 표시가 3개 있는 단어는 수시로 복습한다. 참고로 V 표시는 3개 이상 표시하지 않는다. V 표시가 3개인 단어는 자주 계속 봐야 하는 단어를 의미하기 때문에 외웠더라도 수시로 잊지 않도록 확인할 필요가 있다.

❷ 단어를 외울 때는 이렇게

흔히 영어 단어 암기를 힘들어하는 학생들은 "아무리 외워도 계속 잊어버려요. 밑 빠진 독에 물 붓기예요."라고 호소한다. 그러나 영어 단어를 제대로 암기하려면 밑 빠진 독에 끊임없이 물 붓기를 해야 한다. 물이 빠지기 전에 계속 물을 부으면 독은 항상 채워져 있는 상태가 된다. 효과적인 암기 방법으로 꾸준히 반복 암기를 하자. 그리고 앞서 얘기한 것처럼 17번쯤 부으면 암기가 된다고 한다. 단어 암기의 원칙을 알아보자.

원칙 1. 자기 전에 오늘 외운 단어를 복습한다

사람의 뇌는 잠을 자는 동안 그날 들어온 정보를 정리한다고 한다. 따라서 잠을 자기 바로 전에 단어가 머릿속에 더 잘 기억된다.

원칙 2. 스펠링, 뜻, 품사, 발음을 모두 외운다

스펠링을 소홀히 하면 쓰기, 서술형이 안되고 뜻을 소홀히 하면 독해가 안되고 품사를 소홀히 하면 문법이 안되고 발음을 소홀히 하면 말하기, 듣기가 안된다. 하나라도 소홀히 하면 결국 나중에 다시 외워야 하는 사태가 발생한다. 힘들어도 한 번에 완벽하게 외우도록 하자.

원칙 3. 예문 속에서 단어의 쓰임을 파악한다

예문과 함께 공부하면 단어의 뜻은 물론 단어의 뉘앙스, 쓰임, 자주 같이 쓰이는 단어까지 함께 익힐 수 있다. 기계적으로 외울 때보다 훨씬 더 오래 기억에 남는다.

원칙 4. 자투리 시간을 활용하여 수시로 본다

종이와 펜이 없어도 단어 점검은 가능하다. 등·하교 시간, 쉬는 시간, 식사 시간, 목욕 시간, 화장실에서 등 짬이 날 때마다 단어장을 펴 보거나 오늘 배운 단어를 머릿속으로 떠올려 보자.

원칙 5. 정말 안 외워지는 단어는 붙여 놓는다

공부를 하다 보면 유독 안 외워지는 낯선 단어들이 있다. 그런 단어들은 포스트잇에 적어 여기저기 붙여 놓고 익숙해질 때까지 자꾸 보면서 눈으로 익힌다.

연습장만 잘 써도
공부가 된다

❶ 연습장의 용도

현재 나의 연습장을 보자. 혹시 연습장이 없거나, 이면지를 활용하여 다 쓰면 버리거나, 문제도 풀고 낙서도 하고 편하게 쓰고 있거나, 안 외워지는 내용을 깜지 써서 외울 때 쓰고 있거나, 문제 풀 때 대충 아무 데나 막 쓰고 있는지? 올바른 연습장 활용은 학습 내용을 끄집어내는 연습을 할 때 쓰는 것이라 하겠다. 실제 시험처럼 문제 풀이를 연습해 보는 데 활용하거나, 내가 공부한 내용을 꺼내 보는 연습을 할 때 활용하는 것이다. 연습장 활용법이란 학습한 내용을 제대로 숙지했는지 스스로 확인하기 위해 출력할 때 연습장을 활용하는 방법이라 하겠다.

*연습장 활용 방법

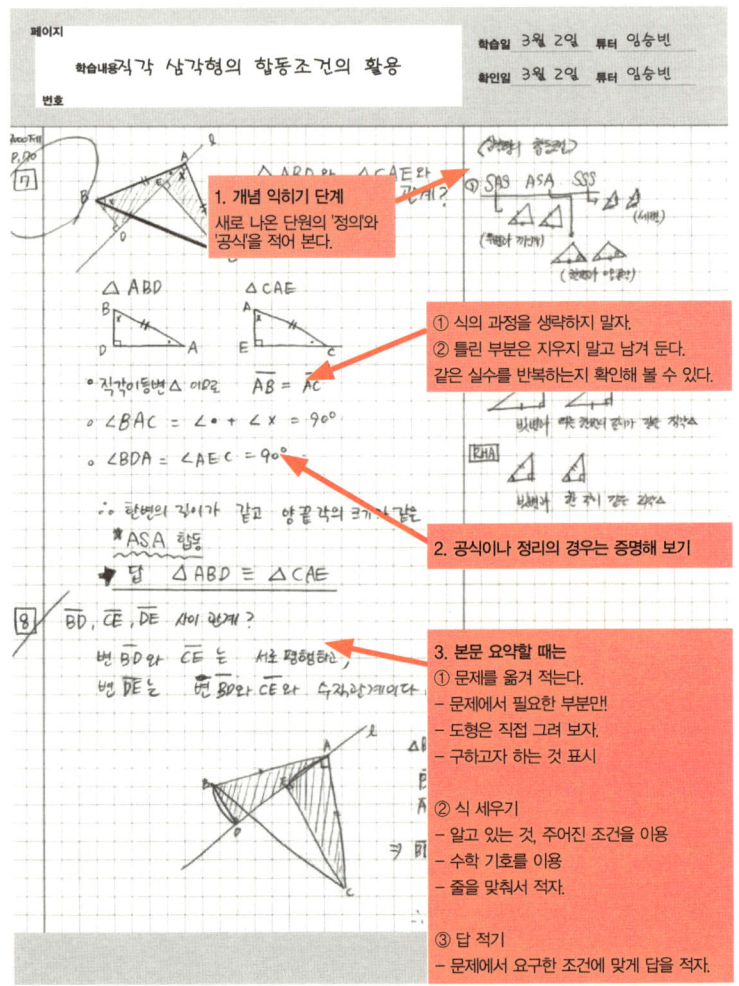

페이지		학습일 3월 2일 튜터 임승빈
	학습내용 직각 삼각형의 합동조건의 활용	확인일 3월 2일 튜터 임승빈
번호		

1. 개념 익히기 단계
새로 나온 단원의 '정의'와 '공식'을 적어 본다.

① 식의 과정을 생략하지 말자.
② 틀린 부분은 지우지 말고 남겨 둔다.
같은 실수를 반복하는지 확인해 볼 수 있다.

2. 공식이나 정리의 경우는 증명해 보기

3. 본문 요약할 때는
① 문제를 옮겨 적는다.
– 문제에서 필요한 부분만!
– 도형은 직접 그려 보자.
– 구하고자 하는 것 표시

② 식 세우기
– 알고 있는 것, 주어진 조건을 이용
– 수학 기호를 이용
– 줄을 맞춰서 적자.

③ 답 적기
– 문제에서 요구한 조건에 맞게 답을 적자.

❷ 연습장의 재발견

효과 1. 시험에서 실수를 줄일 수 있다

평소에는 잘 아는 문제인데도 시험에만 나오면 엉망진창으로 풀어 틀린 경험이 있을 것이다. 연습장에 글씨를 또박또박, 풀이 과정이 한눈에 보이도록 정리하는 훈련을 하면 시험지의 여백에 정리하며 풀 수 있는 능력이 생긴다. 연습장에 문제를 정리하며 푸는 것이 습관화되면 시험에서 최대 능력을 발휘할 수 있다. 계산 실수 같은 사소한 실수를 최소화하고 풀이 과정을 빠르게 점검할 수 있으며 구해 놓은 답을 옮겨 적을 때 어려움이 없다.

효과 2. 문제집을 반복해서 풀이할 수 있다

문제집은 여러 권을 푸는 것보다 한 권을 반복해서 푸는 것이 더 효과가 크다. 문제집을 반복해서 풀려면 일단 문제집이 깨끗해야 한다. 문제집에 문제를 바로 풀지 않고 연습장에 문제를 정리하여 풀면 문제집을 깨끗이 관리할 수 있어 반복 풀이가 가능하다.

효과 3. 나를 돌아보는 학습 자료로 사용할 수 있다

연습장을 마구 쓰고 버렸다가 낭패를 겪은 경험이 있을 것이다. 연습장에는 나의 문제 풀이 과정과 이해, 암기 과정이 기록되어 있다. 연습장 기록을 통해 나의 부족한 점과 질문할 점 등을 발견하여 적절한 피드백을 할 수 있다.

06

연습장을 활용한
공부의 출력 연습

연습장 활용은 실제 시험처럼 문제 풀이를 할 때, 내가 공부한 내용을 끄집어낼 때 활용한다고 했다. 목적에 따라 다르게 활용하는 연습장. 그 연습장 활용법에 대해 알아보자.

❶ 연습장에 문제 풀기

문제 푸는 연습장은 자기 마음 가는 대로, 펜 가는 대로 쓰는 것일까? 결코 아니다. 연습장도 잘 쓰는 방법이 있다. 문제 풀이 연습장을 활용하는 방법을 알아본다.

단계 1. 연습장을 만든다

필기 공책 뒷면과 쓰고 나면 어디 있는지 찾기 힘든 이면지는 연습장이 아니다. 우선 번듯한 연습장을 마련하자. 모든 과목에 문제 풀이 연습장을 만들 필요는 없다. 하나의 연습장을 모든 과목 공통으로 쓰되 수학 전용 연습장은 따로 만든다. 단, 지문 분석이 중요한 국어와 영어 독해 문제 풀이는 문제집에 바로 하는 것이 좋다.

단계 2. 연습장의 영역을 나눈다

시험지는 연습장처럼 광활하지 않다. 연습장의 영역을 나눠 시험지 여백과 비슷하게 만들어 준다. 예를 들어 연습장의 맨 위 두 줄을 비워 두고 세로로 반, 가로로 반을 나눈다. 맨 위 두 줄은 연습하는 내용의 정보(과목, 문제집 이름, 쪽수, 단원명, 학습 날짜)를 적고 왼쪽은 문제 풀이로 활용, 오른쪽은 왼쪽 문제 풀이에 대한 자기 피드백(오답 정리, 개념 정리, 자주 틀리는 문제 정리)을 한다.

단계 3. 문제는 간략하게, 풀이 과정은 자세하게!

문제와 문제 풀이는 연습장의 왼쪽 영역에 작성한다. 문제는 그대로 베껴 적는 것이 아니라 포인트만 간단히 적는다. 문제를 쓰는 것은 문제의 핵심을 알 수 있는 기회이므로 복사해서 붙이기보다 써 보는 것이 좋다. 풀이 과정은 과정의 생략 없이 자세히 적는다. 이때 글씨는 작게, 또박또박, 줄을 맞춰 쓰도록 한다. 참고로 국어 지문, 영어 지문, 사회 지문과 같이 긴 지문을 다 쓸 필요는 없다. 지문 분석은 교재에 바로 하고 지문에 따른 문제를 연습장에 핵심만 요약해서 쓰면 된다.

수학 문제 풀이 연습장의 경우 문제의 조건과 구하려고 하는 것을 간단히 정리하여 쓰고 구해야 하는 것에 밑줄을 그어 분명하게 인지하도록 한다. 정답은 박스로 해서 헷갈리지 않도록 표시한다. 수학 외의 문제 풀이 연습장은 문제를 간략히 적은 후 '옳은 것과 옳지 않은 것' 등 헷갈리기 쉬운 부분에 박스로 표시하는 것도 좋다.

O, X를 찾는 문제는 O, X의 근거를 적고 정답을 박스로 표시해서 헷갈리지 않도록 한다.

단계 4. 문제 풀이에 대한 피드백을 한다

계획한 분량의 문제 풀이가 모두 끝나면 채점과 함께 문제에 대한 자기 피드백을 연습장의 오른쪽 영역에 작성한다. 연습장에 바로 채점하고 문제집에는 모르는 문제, 틀린 문제, 헷갈린 문제, 찍어서 맞힌 문제를 표시한다. 표시할 때는 자신만의 기호를 정해 놓고 사용하는 것이 나중에 반복해서 풀 때 다시 풀어야 하는 문제를 구분하기 쉽다. 피드백을 작성할 때는 빨간 펜으로 문제 풀이에 필요한 아이디어, 개념 정리, 오답 정리를 한다. 수학 문제 풀이 연습장의 경우 맞힌 문제라 할지라도 그 문제에 대한 개념을 정리해 보고 다른 풀이 방법이 있으면 그것도 정리한다. 수학 외의 문제 풀이 연습장은 그 문제의 개념을 다시 한 번 정리하여 읽도록 하고 틀린 이유와 오답 정리의 필요성에 대한 내용도 적어 두면 나중에 다시 보기 편하다.

단계 5. 다시 볼 문제는 표시해 놓고 복습한다

번듯한 연습장이 있으면 좋은 이유 중 하나는 두고두고 볼 수 있다는 것이다. 중요한 문제, 잘 모르는 문제, 헷갈렸던 문제는 표시해 놓고 복습할 때 참고하자.

❷ 연습장에 출력하기

읽고 듣고 암기, 정리해서 머리에 집어넣으면 공부가 끝난 걸까? 앞서 말한 네 가지는 입력 과정에 해당한다. 그리고 입력 과정만으로는 공부가 끝났다 할 수 없다. 입력한 것을 꺼내는 출력 과정을 거쳐야 비로소 공부가 끝난다고 할 수 있다. 우리가 하고 있는 출력 과정의 대표적인 예는 문제 풀기다. 이보다 더 능동적인 출력 과정은 '설명해 보기'와 '백지에 써 보기'가 있다. 연습장을 활용해 '백지에 써보기'를 출력하는 방법을 배워 보자.

단계 1. 연습장을 만든다

입력 학습이 모두 끝난 후 학습한 내용을 점검할 수 있는 출력용 연습장을 만든다. 내가 진짜 아는지 모르는지 자가 진단을 할 때 사용하는 것이다.

단계 2. 연습장의 영역을 나눈다

연습장의 효과적인 활용을 위해 다음과 같이 영역을 나눈다. 우선 연습장의 맨 위쪽 두 줄을 비운다. 그런 후 연습장의 왼쪽에 5cm 정도의 쪽 날개를 만든다. 맨 위쪽은 학습하는 내용의 정보를, 왼쪽은 단서를, 오른쪽은 학습 내용과 자기 피드백을 적는 란이다.

단계 3. 쪽 날개에 핵심 질문을 만든다

소단원 분량의 학습이 모두 끝나면 쪽 날개에 반드시 이해, 암기해야 할 핵심 내용의 질문을 빨간 펜으로 적는다. 시험에 출제될 내용을 만든다는 생각으로 핵심을 뽑아 본다. 참고로 코넬식 노트 필기를 하고 있는 학생이라면 따로 쪽 날개의 단서란을 만들 필요 없이 노트 필기의 단서란을 활용해도 된다.

단계 4. 아무것도 참고하지 않고 답해 본다

쪽 날개의 질문에 대해 연습장의 오른쪽에 아무것도 참고하지 않고 답해 본다. 빠르게 써 내려가지 못한다면 제대로 학습한 것이 아니다.

단계 5. 답에 대한 피드백을 한다

오른쪽의 작성이 끝나면 자신의 답에 자기 피드백을 한다. 답이 틀린 것, 잘못 이해하고 있는 것, 암기하지 못한 것 등 부족한 점을 발견하여 수정, 보충한다. 빨간 펜으로는 수정, 파란 펜으로는 보충하여 첨삭하듯 피드백을 한다. 틀린 내용이라고 막 지워 버리지 말고 두 줄만 그어 무엇을 잘못 알고 있는지 확인한다.

단계 6. 완벽할 때까지 연습한다

남에게는 관대하되 나에게는 엄격해야 한다. 부족한 부분이 발견되었다면 솔직하게 인정하고 다시 공부하자. 그리고 다시 공부한 내용을 한 번 더 출력한다.

07

오답 정리를
해 봐야 하는 이유

❶ 되돌아보기

프로 바둑 기사들은 대국이 끝나고 바로 자리를 뜨지 않는다. 왜 그럴까? 다음 대국을 구경하려고? 바둑돌 정리하고 청소하려고? 시상식 때문에? 그렇지 않다. 복기(바둑이 끝난 뒤 두었던 대로 다시 처음부터 놓아 보는 것)를 해야 하기 때문이다. 이미 끝난 대국을 다시 복기하는 이유는 자신의 수를 되돌아보고 다음에 같은 실수를 하지 않기 위해서다. 또, 같은 상황에 대한 더 나은 해결책을 마련하기 위해서다. 배우가 자신의 연기를 모니터링하는 것, 가수가 무대 공연을 모니터링 하는 것, 프로 게이머가 경기를 리플레이하는 것들 모두 자신을 되돌아보는 과정이다. 그 외에도 운동선수, 음악가, 강사 등 대부분의 전문가들은 항상 스스로 모니터링하고 피드백하는 과정을 거친다. 이렇듯 어떤 분야든 자신을 되돌아보지 않는 전문가는 없다. 사람은 똑같은 잘못을 쉽게 되풀이하기 때문이다.

공부도 똑같다. 한 번 틀린 문제는 또 틀릴 수 있다는 가능성을 내포하고 있다. 틀린 문제들을 되돌아보지 않고 다음번에 점수가 오르기를 기대하기는 힘들다. 이러한 이유로 오답 정리가 필요한 것이다. 오답 정리법이란 오답을 체계적으로 정리하여 활용할 수 있는 방법을 말한다.

❷ 오답, 왜 정리해야 하는가?

이유 1. 비슷한 유형의 문제가 반복되어 출제된다

문제 유형은 몇 가지 패턴이 정해져 있는데 시험에는 이것이 반복적으로 나온다. 비슷한 유형의 문제는 접근 방식이 같기 때문에 오답 정리를 통해 유형을 정복할 수 있다.

이유 2. 틀린 원인을 파악하여 대책을 세울 수 있다

무엇이든 원인이 파악되어야 알맞은 대책을 세울 수 있다. 또한 대책을 세우는 과정에서 자기반성은 물론 실수에 대한 각오도 함께 다질 수 있다. 예를 들어 언어영역의 오답 원인이 '서둘러 푸느라 문제를 잘못 읽었음'으로 나타났다면 '문제를 읽을 때 중요한 단어와 마지막 물음에 밑줄을 쳐서 실수를 줄여야겠음'이라는 대책을 세우고 다짐을 할 수 있다는 것이다.

이유 3. 틀린 문제를 재학습할 수 있다

틀린 원인을 분석하고 내용을 점검하고 다시 풀어 보는 과정을 통해 틀린 문제를 꼼꼼하게 재학습할 수 있다.

이유 4. 나의 취약한 부분을 파악할 수 있다

모의고사 어법 문제가 자꾸 틀려 문법 보충이 필요하다거나, 고전 문학만 자꾸 틀려 고전 문학에 대한 정리를 해야겠다거나 하는 나의 취약 부분을 찾을 수 있게 된다. 반복하는 실수, 자주 틀리는 단원, 취약한 문제 유형 등 나의 약점을 파악할 수 있어 학습의 구멍을 막아 나가는 데 도움이 된다.

08

오답을 정리하는
과목별 전략

❶ 오답 정리의 기본

오답 정리를 한답시고 틀린 문제와 해설을 베껴만 놓거나, 예쁘게 보이기만 하고 내용 없는 관상용 정리를 하는 경우가 있는데 이런 건 진정한 오답 정리라 할 수 없다. 오답 정리에도 기술이 필요하다. 오답 정리는 내 마음대로 하는 것이 아니라 기본을 지켜서 작성하는 것이 효율적이다.

원칙 1. 오답 정리의 목적을 꼭 기억한다

오답 정리의 목적은 '다시는 그 문제를 틀리지 않기 위해서'라고 할 수 있다. 좀 더 구체적으로 '어떤 부분이 부족해서 틀렸는지 알아내고 계속해서 반복적으로 다시 풀어 보아 비슷한 유형을 다시 풀었을 때 틀리지 않기 위해서' 하는 것이 오답 정리의 목적이라 하겠다.

원칙 2. 개념 정리와 암기가 우선되어야 한다

개념 정리와 암기가 되지 않은 채 해설만 베껴 적어 놓는 오답 정리는 아무런 도움이 되지 않는다. 개념 정리와 암기를 완료한 후 틀린 문제를 다시 풀고 오답을 정리하자.

원칙 3. 나의 오답과 정답을 함께 적지 않는다

틀린 문제를 옮겨 적을 땐 내가 쓴 오답은 적지 않고 정답만을 적어 두고 왜 틀렸는지 자세하게 쓴다. 정답과 오답을 같이 보게 되면 혼란이 오고 잘못 인식된 오답 때문에 나중에 떠올릴 때 헷갈릴 수 있다.

원칙 4. 설명은 길게 적지 않는다

오답 설명을 길게 적는 것은 아예 기본 개념도 모르는 경우라 하겠다. 기본적인 내용을 몰라서 틀린 문제는 다시 교과서로 돌아가 그 내용을 공부하는 것이 더 낫다.

원칙 5. 오답 노트는 어느 정도 실력을 쌓은 후 만든다

내용이 이해가 안 가고 문제 풀이 방법을 잘 모르면 당연히 틀린 문제가 많을 수밖에 없다. 이런 경우 무리해서 오답 노트를 만드는 것은 공부의 능률을 떨어뜨리게 된다. 이때는 오답 노트보다 개념 정리와 문제 푸는 기술을 익히는 데 주력해야 한다. 즉, 중·하위권은 오답 노트를 만들지 않는 것이 낫다.

❷ 과목별 오답 정리법

모든 과목의 오답 정리는 효율적이어야 한다. 각 과목의 특성에 맞는 오답 정리법을 활용하여 시간과 노력을 최소화하고 효과를 극대화할 수 있다.

원칙 1. 국어 : 나만의 해설을 써 보고 비교한다

국어 문제를 오답 노트에 모아 둘 필요는 없다. 다음 절차를 통해 사고하는 훈련을 하는 것이 훨씬 중요하다.

> 1. 정답을 확인하고 나서 해설을 바로 읽지 말고 왜 그것이 답인지 지문 속에서 근거를 찾아 나만의 해설을 써 본다. → 2. 내가 왜, 어떻게 잘못 생각해서 그 문제를 틀렸는지 이유를 함께 적는다. → 3. 내가 쓴 해설을 문제집의 해설 내용과 비교하여 근거가 유사한지, 다른 부분은 없는지 확인한다. → 4. 충분히 고민했고 정답의 근거를 이해했다면 넘어간다.

대부분의 학생들은 당장 답을 맞춰 보고 해설을 읽고 이해했다고 생각되면 더 이상 그 문제를 쳐다보지 않는다. 그러나 이런 식의 정방향적 사고 훈련만 해서는 절대로 언어영역 실력이 늘 수 없다. '문제만 많이 풀면 어떻게 되겠지, 유형별로 풀면 어떻게 되겠지' 하는 생각은 위험하다. 실제로도 별로 효과가 없었을 것이다. 반드시 '왜 그것이 답이 될까?'를 거꾸로 추적하는 역방향의 적극적 사고를 훈련해야만 언어영역 실력을 향상시킬 수 있다.

원칙 2. 영어 : 독해는 국어처럼, 문법은 사회, 과학처럼

영어 역시 따로 오답 노트를 만들 필요는 없다. 독해 문제는 지문 속에서 정답의 근거를 찾는 사고 훈련 위주로, 문법은 문제를 분석한 후 기본서의 해당 파트에 붙여 넣는 식으로 오답을 정리한다.

원칙 3. 수학 : 오답 카드/오답 노트를 만든다

수학은 틀린 문제를 다시 풀어 볼 수 있도록 오답 카드나 오답 노트에 문제를 모아 두는 것이 좋다.

1. 나중에 다시 풀 수 있도록 문제 칸과 풀이 칸을 분리하여 쓴다. → 2. 정답을 확인하고 해설을 보지 않고 다시 한 번 풀어 본다. (10분 이상 고민해도 풀 수 없을 때는 해설을 본다.) → 3. 나의 풀이 과정과 문제집의 풀이 과정을 비교한 뒤 풀이 칸을 채운다. → 4. 주기적으로 다시 풀어 보고 완벽히 풀 수 있다고 판단되면 버린다.

오답을 아무 생각 없이 계속 모으면 점점 두꺼워져 짐만 된다. 공부를 반복하면 아는 내용이 쌓이게 되고 예전에는 틀렸지만 지금은 완벽히 풀 수 있는 문제들이 생긴다. 문제를 완벽히 풀 수 있다고 판단되면 과감히 버려도 좋다. 오답 노트는 점점 얇아져야 정상이다. 오답 카드를 작성할 때는 앞면에는 문제를, 뒷면에는 풀이 과정을 적는다. 오답 노트를 만들 때는 노트를 반으로 접었다 편 뒤 왼쪽에는 문제를, 오른쪽에는 풀이를 적는다.

*수학 오답 정리법

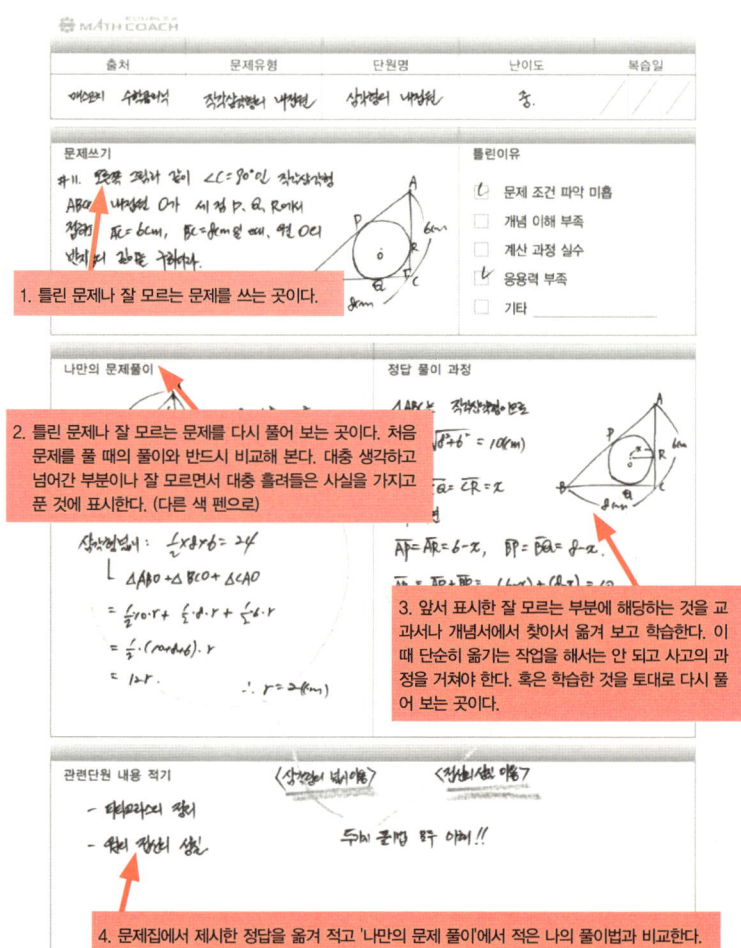

1. 틀린 문제나 잘 모르는 문제를 쓰는 곳이다.

2. 틀린 문제나 잘 모르는 문제를 다시 풀어 보는 곳이다. 처음 문제를 풀 때의 풀이와 반드시 비교해 본다. 대충 생각하고 넘어간 부분이나 잘 모르면서 대충 흘려들은 사실을 가지고 푼 것에 표시한다. (다른 색 펜으로)

3. 앞서 표시한 잘 모르는 부분에 해당하는 것을 교과서나 개념서에서 찾아서 옮겨 보고 학습한다. 이 때 단순히 옮기는 작업을 해서는 안 되고 사고의 과정을 거쳐야 한다. 혹은 학습한 것을 토대로 다시 풀어 보는 곳이다.

4. 문제집에서 제시한 정답을 옮겨 적고 '나만의 문제 풀이'에서 적은 나의 풀이법과 비교한다.

원칙 4. 사회, 과학 : 기본서에 붙여 단권화한다

사회, 과학은 오답 노트를 만들지 않고 틀린 문제를 분석한 후 기본서의 해당 단원 부분에 붙여 넣어 단권화한다.

1. 정답을 확인하고 나서 해설을 바로 읽지 말고 왜 그것이 답인지, 내가 왜 틀렸는지 생각해 본다. → 2. 문제집의 해설과 기본서의 해당 단원 부분을 참고하여 내용을 확인한다. → 3. 기본서의 해당 단원 부분에 문제를 붙여 넣는다. → 4. 주기적으로 다시 풀어 보고 완벽히 풀 수 있다고 판단되면 떼어 버린다.

5장

암기 &
문제 해결

01

암기에 대한
오해와 필요성

암기법이란 효과적으로 학습 내용을 암기하여 기억하는 것을 말한다.

❶ 암기에 대한 오해

많은 학생들이 공부를 힘들어하면서 이런 얘기를 하곤 한다.

"공부라는 게 남이 다 해 놓은 걸 그냥 읽고 외우는 게 아니잖아요. 근데 우리나라의 학교 교육은 지나치게 주입식 암기 교육인 거 같아요."
"시키는 것만 잘하고 외우라는 것만 잘 외우면 우등생이 되는데 암기력이 아닌 창의력과 사고력을 어떻게 학교에서 기를 수 있어요?"

물론 맞는 말이긴 하다.

오해 1. 그럼 내 성적이 이런 것은 주입식 암기 교육 때문에 그런 건가?

"공부 하나도 안 했는데 벌써 시험이라니! 뭐부터 하지? 교과서? 그런 거 읽을 시간이 어디 있어. 일단 학원 프린트만 대충 외우자."

혹시 이러고 있진 않나?

오해 2. 나는 최소한 '암기'라도 제대로 하고 있을까?

"샤를의 법칙? 그게 뭐지? 알 수가 없네. 273은 왜 나오는 거야? 에이, 그냥 외우자. 뭘 다 알려고 해. 안 외워지면 마는 거고."

이러고 있지는 않나?

오해 3. 학교 선생님의 "외워 놔!"의 숨은 뜻을 아는가?

"이 부분 시험에 꼭 나온다. 외워 놔!"라고 하는 말을 자주 들었을 것이다. 여기서 선생님의 "외워 놔!"라는 말은 "(개념 정리하고 왜 그런지 생각해 보고 이해한 다음에) 외워 놔!"라는 말이라는 걸 알고 있도록 한다.

물론, 암기가 공부의 다는 아니다. 암기는 공부의 한 부분이고 공부를 하는 데 있어 거치는 과정일 뿐이다. 암기만 한다고 성적이 오르는 게 아니다. 하지만 암기를 안 하면 성적이 오르지 않는다. 중요한 것은 암기를 어떻게 활용하느냐는 것이다. 암기를 바르게 활용하면 큰 도움이 된다.

❷ 암기의 필요성 바로 알기

필요성 1. 시험 볼 때 시간을 절약할 수 있다

시험은 시간과의 싸움이다. 문제 풀이 시간을 단축하기 위해서 암기가 필요하다. 예를 들어 이차방정식의 근을 구하는 문제가 나왔을 때 근의 공식을 암기한 학생과 그렇지 않은 학생과의 풀이 시간은 무려 5배 정도 차이가 난다. 공식 암기로 시간을 절약하게 되는 것이다.

필요성 2. 그냥 외울 수밖에 없는 지식이 존재한다

맞춤법, 한자, 영단어, 한자 성어, 문법 법칙, 용어 정의 등 과목 곳곳에 그냥 외워야 하는 지식들이 분명히 존재한다. '마름모는 네 변의 길이가 왜 같을까?'를 아무리 고민해 봐야 나의 실력 향상에는 큰 도움이 되지 않는다. 이런 내용은 그냥 외우는 것이 좋은 방법이다.

필요성 3. 암기하면서 지식이 깊어진다

뇌는 암기를 할 때 더 오래 기억하기 위해 배운 내용에 의미를 부여하고 다른 내용과 연결짓는 사고 과정을 거친다고 한다. 이를 통해 지식의 이해도가 상승하는 것이다.

02

암기의 효율을
높이는 비법

❶ 암기 효과를 높이는 원칙

기억에는 입력, 저장, 출력의 3가지 과정이 있다. 암기의 효과를 높이기 위해서는 '입력(이해)-저장(암기)-출력(확인)'의 3가지 과정을 제대로 거쳐야 한다. 많은 학생들이 저장에만 신경 쓰고 있지만 암기의 전후 과정인 입력과 출력을 소홀히 해서는 암기의 효과를 볼 수 없다.

원칙 1. 입력 : 개념 정리와 이해를 한 뒤 암기한다

이해가 안된 상태에서 기계적으로 하는 암기는 시간이 오래 걸리고 금방 까먹는다. 그러나 개념 정리와 이해가 완료된 후 하는 암기는 쉽게 빨리 외워지고 오래 기억난다. 전자의 경우 10번을 반복해도 한두 개 기억할까 말까 한 상태이며 시험이 끝나면 바로 기억에서 지워진다. 후자의 경우는 한두 번의 암기로 완벽하게 내 것이 되며 시험이 끝나도 남아 있다.

원칙 2. 저장 : 반복해서 완벽하게 외운다

귀차니즘형	"외워도 외워도 계속 까먹네. 귀찮으니까 그냥 넘어가자."
내가 선생님형	"이 부분은 시험에 안 나올 거야. 여기까지만 외워 둬야지."
미루기형	"아이고 머리야. 오늘은 여기까지 외우고 나머지는 나중에 외우자."

한두 번 읽고 완벽하게 외우는 사람은 아무도 없다. 충분히 반복해서 한 번 외울 때 완벽하게 외워 둬야 한다. 대충 외우고 넘어가면 나중에 처음부터 다시 외워야 하는 상황이 발생한다.

원칙 3. 출력 : 외운 것을 주기적으로 확인한다

한 번 외웠다고 영원히 기억할 것이라 생각하면 안 된다. 주기적으로 외운 것을 확인해야 한다. 여러 번 확인할수록 더 오래 기억된다. 외운 것을 확인하기 좋은 방법으로는 '간단한 확인 문제나 쪽지 시험 풀기, 소리 내어 말하거나 남에게 설명하기, 백지에 대고 외운 내용 모두 써 보기' 등이 있다.

❷ 암기법 3원칙

암기법 3원칙만 알아도 절반은 성공했다 할 수 있다. 가장 중요한 것은 암기의 기본 원칙을 지키는 것이다. 암기의 기본 원칙을 모두 익혔다면 실제 활용할 수 있는 암기의 기술을 익혀 보자. 암기에도 기술이 있냐고? 가장 효율적인 암기란 짧은 시간에 많은 내용을 외워서 오래 기억하는 것이다. 이를 위해서 암기의 기술이 필요하다.

원칙 1. 연결법 : 서로 연결지어 암기한다

중1 사회 '인도 사회의 성장과 발전' 단원을 예를 들어 보자. '마우리아 왕조-아소카 왕, 소승 불교, 쿠샨 왕조-카니슈카 왕, 간다라 미술, 대승 불교'라는 내용을 공부한다고 했을 때 마우리아 왕조는 소승 불교, 반대로 쿠샨은 대승 불교, 카니슈카(간)다라 미술처럼 서로 연관되는 것을 이어서 암기하는 것이다. 또는 '[laundury(빨래)]하는 것에 [넌더리]가 난다'처럼 연관을 지어 암기한다.

원칙 2. 연상법 : 이미지를 연상하며 암기한다

영어 문법에서 위치를 나타내는 전치사를 공부한다고 했을 때 "on은 (표면에 접촉해서) '위에'라는 뜻이고 반대는 beneath이며……"라고 외우는 것보다 직접 그림을 그려 놓고 그것을 암기하는 것이 훨씬 효과적이다.

원칙 3. 스토리법 : 스토리를 만들어 암기한다

중1 과학의 모스 경도계를 외운다고 했을 때 '활석-석고-방해석-형석-인회석-정장석-석영-황옥-강옥-금강석'을 차례로 외울 수도 있지만 '활석과 방형이 인정 없는 석황을 강금하였다'처럼 스토리를 만들어 외운다면 더 오래 기억에 남는다. '심성암 : 반려암, 섬록암, 화강암'을 '심성 고운 반려자는 섬록시 화강읍에 많다'처럼 스토리를 만들어 준다.

원칙 4. 두문자법 : 앞 글자만 따서 암기한다

'동명사를 목적어로 취하는 동사들 : mind, enjoy, give up, avoid, finish, escape, stop'에서 각 단어의 앞 글자만 따서 'm e g a f e s → 메가페스'로 외우는 방법도 있다.

원칙 5. 암기송법 : 노래에 맞추어 암기한다

원소 주기율표 'H(수소)-He(헬륨)-Li(리튬)-Be(베릴륨)-B(붕소)-C(탄소)-N(질소)-O(산소)-F(불소)-Ne(네온)-Na(나트륨)-Mg(마그네슘)-Al(알루미늄)-Si(규소)-P(인)-S(황)-Cl(염소)-Ar(아르곤)-K(칼륨)-Ca(칼슘)'을 외울 때 동요 '산토끼'에 맞춰 '수헬리베비씨/질산불네-온/나마알규인 황염/아르곤칼륨칼슘'처럼 해 주면 좀 더 재미있게 암기할 수 있다.

원칙 6. 나만의 암기법을 만든다

암기법은 얼마든지 만들어질 수 있다. 나에게 맞는 암기법을 스스로 찾아보고 직접 암기법을 만들어 보는 노력이 암기왕을 만든다.

03

문제집 활용은
양보다 질

❶ 양보다 질이다

이번 중간고사에서는 기필코 성적을 올리겠다고 결심한 Y양, "성적! 꼭 올리고 싶습니다."를 외친다. 서점으로 달려가 문제집을 한 아름 사 들고 돌아와 한 달 동안 다 풀어 해치웠다. 그런데 결과는 예전과 차이가 없었다. 화가 난 Y양은 공부의 문제점을 알아보기 위해 소문난 공부의 달인에게 찾아갔다. 공부의 달인은 Y양이 풀었다는 문제집을 펼쳐 틀린 문제를 다시 풀어 보라고 했다. 이미 한 번 풀어 본 문제이기도 하고 답도 확인해 본 문제라서 의기양양하게 풀기 시작했지만 결국 풀지 못하여 당황하게 된다. 이때 공부의 달인이 말하길, "'다 풀었다'는 말은 문제집에 있는 문제를 다 맞힐 수 있을 때 하는 말이라네. Y양이 공부 체질이 아닌 것이 아니라 문제집을 잘못 활용해서이니 너무 낙심 말게나."라고 해 준다. 또, "Y양! 자네는 문제집을 한 번만 풀고 채점할 때 답만 확인하고 넘어갔지? 양보다 질이란 말도 모르나? 많은 문제집을 푸는 것보다 한 권의 문제집을 여러 번 보는 게 더 중요하다네."라는 말도 잊지 않고 해 준다.

문제집 활용법이란 문제집에서 아는 것과 모르는 것을 구별하고 체계적으로 재학습하는 방법이다. 이는 시험에 적응할 수 있게 하는 힘이며 반복 학습을 통해 몰랐던 내용을 완벽하게 알게 하는 힘이라 할 수 있다.

❷ 문제집을 왜 제대로 활용해야 할까?

이유 1. 시험에 대한 실전 적응이 가능하다

완벽하게 공부했다 생각했는데 정작 시험 때 시간이 부족해서 또는 문제를 보고 너무 흥분한 나머지 시험을 망친 경험이 있을 것이다. 시험에서는 정해진 시간 안에, 작은 여백에, 정확한 풀이를 하고 정확한 답을 구할 줄 알아야 좋은 점수를 받을 수 있다. 이를 위해서는 시험에 익숙해져야 한다. 평소 문제집 활용을 제대로만 해도 시험에 익숙해질 수 있다. 시험 때 허둥대던 모습에서 안정된 모습으로 변화하는 비법은 평소 문제집을 풀 때 실전 시험처럼 푸는 것이다. 시간을 정해 놓고 정해진 시간 안에, 개념 설명이나 해설의 도움 없이, 답과 풀이를 시험지 여백에 풀듯 정리하며 푸는 것이다. 시험 때 문제 푸는 것이나 문제집 풀이할 때 문제 푸는 것이나 문제를 푸는 것은 매한가지다. 문제집만 제대로 풀어도 시험에 대한 실전 적응이 가능하다.

이유 2. 아는 것과 모르는 것을 구별할 수 있다

공부가 끝나면 드는 찝찝함이 있다.

'내가 이걸 정말 아는 걸까? 시험에 나오면 맞힐 수 있을까?'

제대로 알고 있는지 확인할 수 있는 방법이 바로 문제집을 풀어보는 것이다. 문제를 풀면 내가 학습한 내용을 내 것으로 확실히 만들었는지 알 수 있다.

이유 3. 완벽하게 아는 것이 가능하다

제대로 된 문제집 활용은 문제집에서 못 푸는 문제가 없을 때까지 반복해서 푸는 것이다. 모두 다 맞힐 때까지 말이다. 문제를 알 때까지 반복해서 풀이하는 것은 학습한 내용을 빈틈 없이 완벽하게 아는 것을 가능하게 한다.

이유 4. 돈과 시간을 절약할 수 있다

별 차이도 없는 문제집을 여러 권 사는 것은 돈을 낭비하게 하고 이미 맞힐 게 뻔한 문제를 또 푸는 것은 시간을 낭비하게 한다. 문제집을 제대로 활용하면 문제집 사는 데 드는 돈을 절약할 수 있고 문제집 푸는 데 소요되는 시간을 절약할 수 있다.

문제집
완벽 활용법

❶ 문제집 100배 활용하기

공부 좀 해 보겠다고 하나둘 사 모은 문제집이 조금씩 쌓이더니 어느새 산을 이루고 처음부터 끝까지 제대로 풀어 본 문제집은 한 권도 없고 늘어나는 문제집에 스트레스만 가득한 학생들이 많다. 내가 산 문제집이 아깝지 않게 제 기능하도록 활용하자.

원칙 1. 학습이 모두 끝난 후 풀기

문제집을 언제 풀어야 하는지 모르는 학생들이 의외로 많다. 문제집을 푸는 이유는 내가 아는지 모르는지 점검하는 데 있다. 따라서 문제집은 학습 내용을 충분히 이해했을 때 풀어야 한다.

원칙 2. 시간 정해 놓고 풀기

문제집은 마냥 하고 싶은 만큼 시간 가는 대로 풀면 되는 것이 아니다. 문제집을 푸는 것은 시험을 대비한 작은 모의 훈련이다. 시험처럼 정해진 문항을 정해진 시간 내에 풀어야 한다.

원칙 3. 풀면서 생기는 의문 적기

문제를 풀다가 처음 보는 내용이나 이해가 잘 안되는 내용이 나오면 어떻게 할까? 처음 보는 내용과 이해가 잘 안되는 내용의 의문점을 적고 문제 풀이가 모두 끝난 후에 의문점을 해결해야 한다.

원칙 4. 문제를 구별하며 풀기

문제 중에 쓱 훑어보기만 해도 풀 수 있을 것 같은 문제와 딱 봐도 어려워 보이는 문제를 구별할 수 있나? 시험에서 필요한 기술은 시간 안배다. 쉬운 문제는 신속하고 정확하게, 어려운 문제는 시간을 두고 정확하게 풀이해야 한다. 문제집을 풀 때 문제 고르는 눈을 키우자.

원칙 5. 시험지 여백 사이즈를 생각하며 풀기

시험지 여백과 연습장 여백은 그 크기가 다르다. 시험지 여백에 깔끔하게 정리하는 습관만 길러도 사소한 계산 실수를 줄이고 검토 시간을 줄일 수 있다. 연습장 여백을 시험지 여백으로 생각하여 글씨를 작게, 또박또박, 줄 맞춰 쓰는 연습을 해 보자.

원칙 6. 채점은 솔직하게 하기

채점할 때 흔히 하는 오류 중 하나가 '실수로 틀린 문제 넘어가기'다. 실수했는데 틀렸다는 표시를 하는 것이 아깝다고 생각하여 그냥 넘어가는 것이다. 그러나 안타깝지만 실수도 실력이다. 잠깐 착각을 하여 실수한 것을 관대하게 넘어갔다가 똑같은 실수를 또 하게 된다. 나 혼자 볼 문제집, 틀린 건 틀렸다고 하는 솔직함이 필요하다.

원칙 7. 오답 정리하기

문제집 풀이 후 답만 맞춰 보고 그냥 넘어가는 경우도 많다. 내가 왜 오답을 정답으로 착각했는지, 실제 정답은 무엇인지, 앞으로 이 문제를 틀리지 않으려면 어떻게 해야 할지 정리해 놓지 않으면 틀린 문제를 또 틀리게 된다. 채점 후 오답 정리를 꼭 하자.

원칙 8. 모르는 것이 없을 때까지 반복 풀이하기

문제집은 한 번만 풀고 버리는 책이 아니다. 문제집 안의 모든 문제를 풀 수 있을 때까지 반복하고 반복해야 효과를 얻을 수 있다. 모든 문제를 풀 수 있을 때까지 반복 풀이해야 한다.

❷ 문제집 한 권 완벽 마스터하기

서울대생 3,121명에게 고3 1년 동안 수학 문제집을 몇 권 풀었는지 조사한 내용이 있다. 결과는 평균 2.8권이었다고 한다. 20.8권이 아니라 2.8권이다. 그들은 2.8권을 풀고 서울대에 당당히 합격했다. 그 이유는 3권의 책을 1번만 보는 것보다 1권의 책을 3번 보는 것이 더 효과적임을 알고 1×3을 실천했기 때문이다. 문제집 1권으로 3배의 효과를 내는 방법을 알아보자.

방법 1. 문제집에는 풀이를 적지 않는다

문제집을 여러 번 풀기 위해 문제집에는 답과 풀이를 쓰지 않는다. 답과 풀이는 연습장에 적어 문제집을 깨끗하게 사용한다. 단, 지문이 긴 국어와 영어 독해 문제의 풀이는 문제집에 적되 답만 연습장에 적어 놓아 다시 한 번 복습할 수 있도록 한다.

방법 2. 문제집에는 다시 풀어야 할 문제만 표시한다

채점과 오답 정리는 연습장에 하고 문제집에는 다시 풀어야 할 문제만 표시한다. 다시 풀어야 할 문제는 정확하게 알아서 맞힌 문제를 제외한 나머지 모두를 말한다. 즉, 그냥 틀린 것은 당연하거니와 찍어서 맞힌 문제, 모르는 문제, 어려웠던 문제를 모두 포함한다. 참고로 표시는 문제를 푸는 과정에서 하는 표시와 문제를 풀고 나서 채점하는 과정에서 하는 표시가 있다. 문제를 푸는 과정에서 모르는 문제는 ? 표시, 어려웠던 문제는 ☆ 표시, 채점 과정에서 틀린 문제는 / 표시, 찍어서 맞힌 문제는 V 표시 등으로 구분하여 두면 나중에 알아보기 편하다.

방법 3. 표시한 문제를 다시 풀고 채점 표시한다

문제집에 표시한 문제를 다시 연습장에 풀어 본다. 역시 채점과 오답 정리는 연습장에 하고 다시 풀어야 할 문제만 문제집에 표시한다.

방법 4. 두 번 표시된 문제를 보고 또 본다

신기하게도 한 번 풀고 오답 정리를 했음에도 틀린 문제는 또 틀리는 경우가 많다. 이 사실에 실망할 필요는 전혀 없다. 내가 머리가 나빠서가 아니라 사람은 봤던 것만 자꾸 보게 되고 생각하던 대로만 생각하기 때문에 틀린 문제를 또 틀릴 가능성이 클 뿐이다. 단, 두 번 표시된 문제는 다음을 꼭 확인한다.

- 내가 어떤 근거로 오답을 정답이라고 착각했는가?
- 실제로 정답은 무엇이며 그 근거는 무엇인가?
- 다음에 이 문제를 또다시 틀리지 않으려면 어떻게 해야 하는가?

문제집에 두 번 표시된 문제를 다시 연습장에 풀어 보고 역시 채점과 오답 정리는 연습장에, 다시 풀어야 할 문제만 문제집에 표시한다.

방법 5. 세 번 표시된 문제를 확실히 정리한다

이미 문제 풀이를 두 번이나 반복했기 때문에 그 숫자는 확실히 줄어들 것이다. 그렇다면 세 번이나 틀린 문제는 내 성적을 완전 수직 상승하게 해 줄 소중한 문제다. 앞에서 했던 것처럼 또다시 오답 정리하고 다시 풀어 보는 과정을 거친다. 풀이 횟수가 세 번이 네 번이 되고 네 번이 다섯 번이 되도록 반복하다 보면 어느새 그 문제의 첫 글자만 봐도 답을 구할 수 있게 될 것이다.

05

시험은
기술이다

• 입력과 출력의 조화

요새 학생들의 공부를 관찰하면 입력과 출력 모든 부분이 부조화를 이루고 있다. 우선 공부에서 입력이라고 하면 수업을 듣고 스스로 익히는 과정을 뜻한다. 출력이라 하면 사실 시험을 보는 것인데 이를 대비하려고 문제를 풀고 공부한 내용을 자기 평가하는 것이다.

그런데 첫째로 입력에서 부조화가 생긴다. 수업만 많이 듣고 스스로 익히는 과정이 너무 저조하다. 그래서 배운 내용이 머리 주변에서 맴돌지만 머릿속으로 익혀지지는 않는다. 이것이 입력 부조화다. 두 번째로 출력 부조화다. 문제집은 푸는데 정작 머릿속에 있는 내용을 꺼내서 설명해 보는 일은 거의 없다. 그냥 문제만 풀어서 맞히면 출력 연습이 끝났다고 생각한다. 그러나 시험 보는 출력이 문제 풀이 방식이고 평소 출력 연습도 문제 풀이 방식에 그친다면 연습과 실전이 별 차이가 없는 셈이다. 운동선수는 모래주머니를 차고 연습하지만 실전에서는 맨몸으로 뛴다. 실전은 긴장과 실수가 얼마든지 일어날 수 있으므로 연습 때는 이보다 더 높은 수준으로 연습해야 실전에서 좋은 성적을 받는다. 즉, 문제 푸는 소극적 출력뿐만 아니라 내용을 백지에 설명하는 적극적 출력까지 연습해야 한다는 말이다. 그래야 공부는 열심히 했는데 시험을 못 보는 현상을 막을 수 있다.

• 1학기 중간고사와 같은 첫 시험은 물량 공세가 원칙!

1학기 중간고사는 대부분의 학생들에게 첫 시험이므로 아직 감을 잡기 어렵다. 따라서 기출문제를 참고하되 가능한 한 많은 양의 공부를 하는 것이 기본이다.

• 시험 적응력을 키워야 득점할 수 있다

시험 준비를 하는 학생들을 상담해 보면 시간 내에 문제를 풀기 위한 연습이라든가 시험 때 실수하지 않기 위한 대비를 전혀 하지 않는다. 또한 프린트물을 공부할 때도 어떻게 문제가 출제될지 고민해 보지 않고 마구잡이로 공부한다. 그러면 공부의 양만 늘어나지 득점하기 어렵다. 따라서 시험 준비를 할 때는 이 내용이 어떻게 출제될지, 한 문제를 풀 때 어느 정도의 시간이 들지 등을 고민하면서 공부해야 한다.

• 공부만 잘하는 친구 이야기

일전에 상담했던 학생의 케이스다. 그 학생이 공부 내용을 세세하게 완벽히 공부했기 때문에 다른 아이들에게 가르쳐 줄 수 있을 정도지만 정작 시험을 보면 성적이 나오지 않는 특성이 있었다. 분석해 보니 문제 풀이를 전혀 하지 않고 내용 하나하나가 이해되지 않으면 진도를 나가지 못하는 습관에 빠진 과잉 꼼꼼증 학생이었다. 이를 개선하기 위한 공부법은 뒤에서 자세히 알아보자.

• 자기 평가 능력을 갖추면 시험이 쉬워진다

중위권 이하 학생들에게서 많이 발견되는 현상인데 자기가 공부한 내용을 자기가 아는지 모르는지를 구분하지 못하는 경우가 있다. 일종의 자기 평가 능력인데 이런 능력을 갖춰야 시험에서 득점할 수 있다. 잘 모르는 내용을 복습해서 채우고 아는 내용은 넘어가야 하기 때문이다. 자기 평가 능력이 떨어지면 공부의 만족감이 빠르고 집중력, 지구력이 떨어져 청각과 후각이 예민해진다.

• 계획 없이 자유분방하게 공부하면 성적도 자유분방하다

초·중·고 공부를 통해서 갖춰야 할 능력 중에 하나는 계획성이다. 계획은 체계적인 공부를 위해서도 중요하고 공부하고 싶은 마음을 형성하는 데에도 중요한 역할을 한다. 특히나 고등학교 공부로 올라갈수록 공부양이 많아지고 진도가 빨라지므로 계획 없이 공부하면 범위를 완수하기 어렵다. 시험은 특히나 계획을 짜야 벼락치기를 막을 수 있다.

• '일단 시작하자'와 작업 흥분, 행동 관성

'일단 시작하자'라는 말이 있다. 이는 작업 흥분에 관한 이야기다.

가만히 있는다고 공부할 마음이 자동으로 생기지는 않는다. 인간의 두뇌도 관성이 작용해서 움직이기 시작해야 더 사용하고 싶어진다. 따라서 공부라는 행동도 관성이 작용해서 일단 시작해야만 계속하고 싶은 마음이 든다.

• 공부할 때는 목적을 정해야 지루하지 않다

공부가 지루하고 금세 매너리즘에 빠지는 원인은 목적이 불분명한 공부를 하기 때문이다. 이 부분에서 어떤 문제가 나올지를 예측하기 위해 본문을 공부하거나, 학습 활동에 대한 답을 찾기 위해 공부하거나, 시간 내에 일정량의 문제를 풀어 내기 위해 공부하는 등 공부에 대한 목적성을 뚜렷이 하면 지루함을 방지할 수 있다.

❶ 시험의 진실

'노력은 성공의 어머니다'라는 말이 있다. 그러나 안타깝게도 이 말은 100% 진실은 아니다. 믿을 수 없다고? 그럼 하루 14시간씩 공부하는 학생이 반에서 20등 정도 하는 상황을 어떻게 설명해야 할까? 이 학생은 '공부를 잘한다'라고 칭찬받거나 절대 '우등생'이라 불릴 수 없다. 똑같이 노력하고도 아니 더 노력하고도 시험 성적은 얼마든지 덜 나올 수 있다. 그게 시험이다. 시험 때만 되면 '실수해서 아는 거 틀리면 어떡하나?' '공부한 만큼 성적이 안 나오면 어떡하나?' '시험 시간 모자라면 어떡하나?' '너무 긴장해서 집중 못하면 어떡하나?' 등 온갖 고민이 많을 것이다. 그것을 이겨 내기 위해서 시험을 위한 '기술'을 익혀야 한다. '시험 기술이 뭐 별거야? 그냥 집중해서 빨리 풀면 되지.'라고 생각하는가? 맞는 말이긴 하다. 그런데 어떻게 집중해서 빨리 풀 건가?

❷ 시험 기술이 필요한 이유

시험 기술이란 시험 시간에 효과적으로 문제를 풀 수 있는 기술을 말한다. 지금부터 시험 기술이 필요한 이유를 알아보자.

이유 1. 시험 시간은 무한정 주어지지 않는다

시험은 한정된 시간 안에 얼마나 빨리 푸는지의 능력을 요구하는 과정이다. 종이 울리면 아무리 애걸복걸해도 소용이 없다. 제대로 된 시험 시간 분배 계획이 없으면 충분히 풀 수 있는 문제도 떠나보내야 한다.

이유 2. 시험 실수를 줄일 수 있다

'아닌 것'을 고르는 건데 '맞는 것'을 고른다거나, 답안지를 밀려 쓴다거나, 마킹 실수, 단순 계산 틀리기, 제출 전에 고쳤다가 틀리기 등 뻔한 시험 실수들. 그러나 상위권 학생은 시험 실수가 현저히 적다. 그들은 문제에 밑줄 긋기, 답안지 검토하기, 검산하기 등 시험 기술을 가지고 있다. 이런 작은 시험 습관 하나로 시험 실수를 줄일 수 있다.

이유 3. 시험 불안이 억제되어 실전에 강해진다

사람은 누구나 시험이라는 것에 닥치면 긴장을 하게 된다. 적당한 긴장은 집중력을 최대한 발휘하게 하여 좋은 결과를 낳지만 불안과 과도한 긴장은 오히려 집중력을 떨어뜨려 아는 것도 틀리게 만드는 등 실전에서 실력 발휘를 할 수 없게 만든다. 따라서 시험 기술로 무장하여 자신감을 높일 필요가 있다.

10점 더 받을 수 있는
시험 공략법

공부를 열심히 하는 학생은 많지만 시험을 잘 보는 학생은 정해져 있다. 시험에 맞는 공부법은 따로 있기 때문이다. 그러나 많은 학생들은 시험을 염두에 두지 않고 열심히만 공부를 하기 때문에 만족할 만한 성적을 받지 못한다. 열심히 하지도 않은 경우라면 억울하지나 않겠지만 열심히 하고도 결과가 따라 주지 않는다면 더욱 상심이 클 수밖에 없다. 그러면 어떻게 공부해야 성적을 올릴 수 있을까?

❶ 시험 시간 분배하기

왜 시험 시간은 항상 모자랄까? 혹시 여러분은 이러고 있지는 않은가?

- 시험지를 받자마자 무턱대고 1번부터 순서대로 푼다.
- 남은 문제가 많은데 어려운 문제를 5분 이상 붙들고 있다.
- 시험 중간중간에 시간을 체크하지 않는다.
- 시간이 모자라 답안지 검토, 검산을 하지 못하고 제출한다.

"난 그냥 아무렇게나 풀어도 점수 잘 나오고 시간도 남아돈다."
하는 학생들 빼고 모두 시험 기술에 대해 고민해 봐야 한다. 정확한
시험 시간 분배 계획 없이 시험을 보는 것은 아무런 전략 없이 그냥
전쟁터로 돌진하는 것과 같다.

단계 1. 실제 문제 풀이 시간을 계산한다

실제 문제 풀이 시간이란 듣기 평가, 답안 작성, 답안 검토 시간을
제외한 시간을 말한다. 예를 들어, 수능 언어영역(50문항, 총 80분)의
실제 문제 풀이 시간을 계산해 보자. 총 80분의 시간 중에서 듣기
평가 15분, 답안 작성 및 검토 시간 10분을 제외한 나머지 시간은
55분이다. 이 55분 안에 듣기 평가 5문제를 제외한 45문제를 풀어야
한다. 참고로 수리영역(30문항, 100분)은 답안 작성 및 검토 10분을 뺀
90분 안에 30문제를 풀어야 한다. 외국어영역(50문항, 70분)은 듣기 평
가 20분, 답안 작성 및 검토 10분을 뺀 40분 안에 듣기 평가 17문제
를 제외한 33문제를 풀어야 한다.

(*2014학년도 수능 시험부터는 국어, 영어, 수학으로 바뀌고 영어는 듣기가
대폭 늘어나며 국어, 영어는 문항 수가 줄어든다.)

단계 2. 시험 전체를 빠르게 파악한다

시험 문제를 전체적으로 훑어보며 문제 유형, 지문의 개수와 길이,
지문에 배정된 문제 개수, 주관식 개수 등을 전체적으로 3분 이내에
파악한다. 시험 중반에 접어들면 집중력이 떨어지기 때문에 점점 페

이스가 떨어지고 남은 시간 압박으로 초조해진다. 이때 뒤에 어떤 문제가 남아 있는지 모르면 초조함이 더욱 커진다. 문제 풀기 전 훑어보기는 필수다.

단계 3. 문제 풀이의 우선순위를 정한다

문제 푸는 순서를 어떻게 하느냐에 따라 시간을 낭비할 수도 절약할 수도 있다. '무엇을 먼저 푸는가'는 매우 중요하다. 문제에 붙여 놓은 번호는 채점할 때 문제 번호와 답이 일치하는지 확인하기 위한 시스템일 뿐 1번 문제부터 순서대로 풀어야 할 이유는 없다.

*문제풀이 우선순위 기본 원칙

● 쉬운 문제부터

쉬운 문제를 먼저 풀어 놓으면 자신감이 올라가고 집중력이 생겨 안정적으로 시험을 볼 수 있다.

● 지문이 없거나 짧은 문제부터

지문이 없거나 짧은, 혹은 다 안 읽어도 풀 수 있는 문제를 초반에 풀면 시간 압박을 덜 받는다.

● 주관식 문제부터(수학)

수학의 경우 간단한 계산을 통해 답이 나오고 배점이 높은 주관식을 먼저 푸는 것이 유리하다.

● 배점이 높은 문제부터

앞의 세 원칙대로 풀고 남은 길고 어려운 문제 중 배점이 높은 문제부터 공략해야 효율적이다.

이런 우선순위는 기본 원칙일 뿐 반드시 이렇게 해야 하는 것은 아니다. 본인 스스로 자신만의 우선순위 기준을 가지고 있다면 소신대로 하면 된다. 우선순위의 기준을 확실히 정하는 것만으로도 실제 시험에서 시간을 절약할 수 있다. 단, 다음과 같이 초반에 절대 건드려서는 안 되는 문제가 있다.

긴 지문 전체를 모두 읽어야 하는 문제 : 지문 내용과의 일치/불일치 확인 문제, 사건의 흐름, 인물의 변화, 시간 순서로 배열하기 등 지문을 다 읽어야 풀 수 있는 문제는 집중력이 떨어지면 몇 번씩 다시 읽어야 하기 때문에 시간을 낭비할 수밖에 없다.

옳은 것을 모두 골라야 하는 문제 : '옳은 것을 모두 고른 것은?'이나 '순서대로 올바르게 배열한 것은?'과 같이 주어진 보기를 하나라도 틀리면 정답을 맞히기 어려운 것은 나중에 푼다. 이런 문제는 답을 정확히 모르면 유추하기조차 어려우며 맞힐 확률이 낮다.

단계 4. 전체적인 시간 배정을 한다
예를 들어 '○○분 안에 10번 문제까지 푼다, △△분 안에 20번 문제까지 푼다, ☆☆분까지 답안 마킹을 끝낸다'와 같이 대략적인 시간 배분을 한 뒤 시험지에 써넣는다. 계획 단계에서 3분의 투자가 실행 단계에서 30분 이상의 시간 절약을 보장하게 된다.

단계 5. 시험 불안 요인을 잠재워 여유를 찾는다

여러 가지 시험 불안 요인에 대한 대책을 세운다.

● 5문제마다 시간을 체크한다

한 문제를 질질 끄는 것을 막아 주고 페이스 유지를 도와준다. 5문제가 너무 자주라고 생각되는 학생은 최소 10문제마다 한 번씩 시간을 체크하는 것이 좋다.

● 진전이 없는 문제는 빨리 결단을 내린다

난해한 문제는 확실히 답이 아닌 것을 골라 표시하고 일단 넘어 간 후 나중에 답안 작성할 때도 모르겠다면 과감하게 찍는다.

● 시험 후반 불안감이 심해지면 지금까지 푼 문제를 답안지에 옮긴다

어려운 문제가 5문제 남고 시간이 20분 남았다면 일단 푼 문제까 지 답안을 작성하고 편안한 상태에서 남은 5문제를 고민한다.

● 늦어도 종료 10분 전에는 답안지 마킹을 시작/완료한다

늦어도 종료 10분 전에는 반드시 답안지 마킹을 시작하고 남은

시간에 답안지 마킹에 실수는 없는지 최종 검토한다.

❷ 10점 더 받는 시험 습관

실수를 막을 수 있는 습관이 필요하다. 문제 잘못 읽기, 마킹 실수, 한 자릿수 덧셈 틀리기 등 이런 실수를 하고 "사실 맞힐 수 있었어." 라고 웃고 넘어가는 학생들. 수능에서도 그렇게 실수하고 '이건 실수고 내 진짜 실력이 아니다'라고 우길 생각인가? 모르고 틀린 것보다 실수해서 틀린 것을 더 신경 쓰고 반성해야 한다. 또, 효율적으로 풀수 있는 습관이 필요하다. 문제를 읽고 보기를 보다가 '어라, 뭘 물어보는 거였지?' 하면서 다시 문제로 돌아가고 보기도 다시 처음부터 읽고 이렇게 해서는 문제 풀이에 쏟을 시험 시간이 충분하지 않다. 문제 풀이는 짧은 시간 안에 정확하게 한 번에 이루어져야 한다.

원칙 1. 시험지를 받자마자 암기한 내용을 적는다

자주 헷갈리는 암기 내용이 있다면 시험지를 받는 순간까지 머릿속으로 외우고 있다가 시험지를 받자마자 바로 시험지 맨 위 여백에 적어 둔다.

원칙 2. 문제를 한 번에 제대로 읽고 푼다

'틀린 것을 고르시오' 유형은 '틀린'에 밑줄을 긋고 '맞는 것을 고르시오' 유형은 '맞는'에 동그라미를 친다. '틀린'과 '맞는'에 같은 표시를 하면 오히려 헷갈릴 수 있다. 맞는 것은 동그라미, 틀린 것은 밑줄을 사용해 슬쩍만 보고도 알아볼 수 있게 구분한다.

원칙 3. 주의 깊게 봐야 하는 것은 표시한다

문제의 핵심 단어에 네모를, 풀이의 요점에는 물결을 친다. 예를 들어 '다음은 16세기 조선 성리학자의 주장이다. 그의 사상적 입장에 대한 설명으로 옳지 않은 것은?'처럼 표시를 한다. 또, 모르는 문제의 경우 보기 문항 뒤에 'O(맞는 것), X(틀린 것), △(애매한 것), ?(모르는 것)'처럼 표시를 해서 건너뛰었다가 다시 풀 때 바로 이어서 푼다.

원칙 4. 문제를 먼저 보고 필요한 부분만 읽는다

● '밑줄 친 부분'에 관한 문제는 밑줄 친 부분 근처를 읽는다

전체적인 흐름을 묻는 문제가 아니므로 밑줄 친 부분 근처에 답의 근거가 있는 경우가 많다.

● 영어 독해 중 주제 문제는 첫 문장과 끝 문장을 먼저 읽는다

영어 독해 지문의 핵심 문장이나 주제는 주로 맨 처음이나 맨 끝에 온다. 이런 문제를 빨리 풀게 되면 보다 난이도가 높은, 즉 지문 전체를 읽고 여러 단계의 사고 과정을 거쳐야 하는 문제들에 쏟을 시간을 확보할 수 있다.

원칙 5. 모르는 문제도 논리적으로 고민한다

● 문장에 '절대, 반드시, 항상, …만, …뿐, 모두'가 들어 있으면 오답

일 경우가 많다.

- 확실히 답이 아닌 것을 제외한 뒤 나머지 보기 중에서만 고민한다.
- 내가 처음 고른 답이 확실히 아니라는 근거가 있을 때만 답을 고친다. 감으로 고치는 것은 절대 피해야 한다.
- 자신이 확실하게 푼 문제가 많고 모르는 문제가 한두 개라면 답안지의 총 개수가 가장 적은 번호를 찍는다. 정규 시험일수록 보기 ①~⑤번당 정답 개수가 크게 차이 나지 않도록 출제하기 때문이다.

원칙 6. 실제 시험과 같은 환경으로 공부한다

시험이 임박하면 실전 감각을 갖기 위하여 시간과 문제 수를 실제 시험과 똑같이 정해 놓고 공부해야 한다. 시간 안에 집중해서 푸는 연습, 시간 배분 연습, 문제 풀이 연습이 되기 때문에 실제 시험에서 평정심을 가질 수 있다. 공부를 하면서 음악을 듣거나 딴짓을 하면 안 되는 이유도 여기에 있다고 하겠다.

❸ 과목별 시험 준비 요령

국어

내신 국어 성적을 올리기 위한 예습의 기술을 먼저 알아보자. 국어 예습의 손쉬운 방법으로 자습서를 옮겨 적는 방법이 있으며 주로 본문 내용의 세세한 부분은 그대로 옮겨 적고 이보다 한 단계 진화한 방법으로 장르의 핵심을 먼저 생각해 보고 자습서와 비교 후 적어 보는 방법이 있다. 그러나 내신과 수능 언어영역을 모두 잡는 능동적 국어 공부를 하려면 어떻게 해야 할까? 시와 소설, 논설문과 설명문은 교과서와 수능 문제에서 가장 많이 출제되는 장르다. 이런 장르별로 핵심을 능동적으로 생각해 보고 이를 자습서와 비교해 보거나 수업 시간에 선생님 설명과 비교해 보는 방식으로 공부하면 내신과 수능에 모두 능통할 수 있다.

마지막으로 언어영역 시험을 잘 보기 위한 4단계 공부법을 알아보자. '배경지식 쌓기-양치기 문제 풀이-유형별 학습하기-오답 정리하기'의 4단계 과정을 순서대로 공부하면 언어영역 성적이 안정되고 언어영역에서 고득점할 수 있다. 반면 문제만 계속 풀고 유형도 구별 안 하고 오답은 내팽개친다면 성장은 없다.

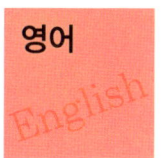

영어

상·중·하위권에 따른 영어, 수학의 난이도 민감성과 문법 공부의 중요성을 알아보자. 수학은 난이도 변화를 상·중위권이 느끼지만 영어는 중위권만 느낀다. 이유는 문법 공부 부족에서 온다. 문법이 부족하면 독해와 어법 모두 힘들어진다. 따라서 문법 공부는 시험을 잘 보기 위한 기본이다. 그럼 문법을 어떻게 공부하는 게 가장 좋을까? 어법 문제와 독해에 모두 통하는 예문 암기식 문법 공부법이 최고다. 우리나라 사람이 영어를 힘들어하는 이유는 단어만 암기하고 문장 단위의 표현은 신경 쓰지 않기 때문이다. 따라서 문법을 정확히 공부하려면 예문 암기식 공부가 필수적이다.

　그러나 문법 강의를 단기간에 정복하는 예습·복습 방법은 없을까? 문법을 공부하는 아이들을 살펴보면 같은 강의를 수회 반복한다. 대부분 예습 부재와 복습 부재가 원인이다. 이것을 해결해야 단기간에 문법 정복이 가능하다. 특히 내신에서는 괄호 넣기 문제가 아주 고통스러운데 괄호 넣기 문제를 대비하려면 본문의 암기는 기본이며 기출문제를 통해 빈출되는 괄호 안에 들어가는 표현들을 분석하는 것이 최상의 지름길이다. 또, 시험에 필요한 단어를 외우려면 초반에 오버페이스하지 말아야 한다. 자세하지 않고 큰 틀에서 반복한 후 자세하게 공부해야 끝까지 볼 수 있다. 시험 시간의 독해를 빠르게 하려면 영어 지문을 우리말 신문 읽듯 읽어 나가거나 시간을 정해 놓고 문제를 풀어야 실력이 는다.

수학

　내신 수학 시험을 대비해서 교과서를 조심하자. 가끔 교과서의 연습 문제 중에 의외로 까다로운 문제가 있다. 이런 문제를 간과하고 넘어갔다가 시험에서 만나면 당황하는 경우가 있다. 상·중·하위권을 막론하고 수학 교과서는 반드시 한번 풀어 봐야 한다. 특히 수학의 이해와 사고력을 위한 개념 체크를 잘해야 한다. 개념을 체크하는 방법은 간단하면서도 명확하다. 목차 부분을 보고 거기서 나오는 정의나 정리를 써 보거나 공식의 경우 유도하거나 증명해 볼 수 있어야 한다. 많은 학생들은 개념 이해를 한다고 하면서 그냥 개념 설명 부분을 읽고 이해되는 것만으로 만족하는 경우가 있다. 이것은 엄밀히 말해 개념 이해가 아니라 개념 독해일 뿐이다. 꺼내서 말해 보는 출력이 가능해야 진짜 실력이다.

수학 문제 정리하며 풀기와 실전 시험 훈련하기도 시험을 위해서는 중요하다.

정리하면서 푸는 능력, 즉 끝까지 일관되게 흐트러짐 없이 푸는 능력은 평소엔 문제가 되지 않지만 시험장에서는 굉장히 중요한 능력이 된다. 실력이 100이 있어도 시험장에서 흥분해서 풀면 80밖에 실력 발휘를 못한다. 실력이 90이어도 시험장에서 차분히 풀 수 있다면 90을 다 쓰고 나올 수 있다. 따라서 평소에도 연습장뿐만 아니라 시험지에 시간을 정해서 차분히 과정을 전개하는 연습을 반드시 해야 한다. 또한 수학 시험을 잘 보려면 문제의 확실한 암기와 확실한 이해 구분하기가 중요하다. 수학 문제를 풀 때 가장 애매한 경우가 제대로 이해되지 않았으면서 암기하지도 않고 비슷한 유형이 나오면 항상 불안한 상태를 유지하는 것이다. 이를 막으려면 정확히 이해될 때까지 풀어 보고 그래도 이해가 잘 안되면 과정을 정확히 외우는 것도 불사해야 한다. 반복을 통해 내공이 늘어 그 문제가 거꾸로 이해될 때까지 복습하면 된다. 그래야 시험에서 불안감을 떨치고 자신감 있게 풀 수 있다.

수학 시험의 고민을 줄여 주는 문제 풀이 체크법과 똑똑하게 해답 보는 방법도 알아야 한다. 학년이 올라갈수록 수학 문제를 풀 때 단순 계산보다는 아이디어를 잡고 적용하는 능력이 중요해진다. 그러나 교재의 순서를 따라서 그대로 반복해서 공부하면 챕터의 제목이 곧 그 문제를 푸는 열쇠가 되므로 아이디어를 떠올리는 능력이 증진되지 않는다. 그러므로 어느 정도 진도가 쌓이면 여러 챕터에 걸친 문제들을 무작위로 섞은 후 뽑아서 풀어 보는 연습을 해야 한다. 그래야 시험 때처럼 어떻게 풀지에 대한 고민부터 시작해서 문제를 풀어 나가는 능력을 기를 수 있다.

또, 문제를 풀 때 해답을 보는 방법도 중요하다. 한 문제 한 문제를 답 보면서 풀면 당장은 풀 수 있어도 시험 때는 풀기 어렵다. 따라서 답을 볼 때는 여러 문제의 답을 한 번에 보고 다시 풀어 봐야 답을 외워서 반복하지 않고 실력을 증진시킬 수 있다. 문제에 사용되는 개념이나 공식만 뽑아 보는 방법으로 아이디어 도출 능력을 올리는 것도 좋다. 가끔 아이디어 잡는 능력이 떨어지는 학생을 상담할 때는 문제 풀이 과정을 생략한 채 문제에 사용되는 개념이나 공식, 정의, 정리를 찾는 것만 훈련시킬 때가 있다. 이렇게 연습하면 짧은 시간에 아이디어를 떠올리는 능력이 증진되어 시험 때 문제 풀이에 자신감이 생긴다.

과학

• **과학의 핵심 찾기 1 : 실험 공부법**

실험은 과정이 중요한 실험, 방법이 중요한 실험, 결과와 원인이 중요한 실험, 그래프가 도출되는 실험 등의 종류가 있다. 따라서 실험을 교과서에서 만나면 어떤 종류의 실험인지를 구분해 보고 그 핵심에 따라 공부해야 시험에서 득점할 확률이 높아진다.

● 과학의 핵심 찾기 2 : 공식 공부법

학년이 올라갈수록 과학에서 공식의 출현 비율이 높아지고 시험에서 출제 비율도 높아진다. 그런데 학생들은 공식이 나오면 이해가 잘 되지 않아 문제 푸는 과정을 뒤로 미루거나 적은 양의 문제만 푸는 경우가 많다. 그러나 수학과 달리 과학은 실제 있는 현상을 수학적으로 표현한 것이므로 실제 현상에 공식을 대입해서 문제를 많이 풀어 보면 거꾸로 공식이 이해되는 경우가 많다.

● 과학의 핵심 찾기 3 : 그래프 공부법

과학의 그래프는 '축 살피기-개형 살피기-특별한 점이나 값의 의미와 원인 살피기-실제로 그리기'의 4단계로 공부해야 한다. 그래프는 시험에서 출제 비율이 높을 뿐더러 실험을 통해 그래프가 도출된다면 출제 가능성은 더욱 높다. 이런 그래프가 공식으로 정리돼 있다면 200% 시험에 출제된다고 생각하고 공부해야 한다.

● 사회의 핵심 찾기 1 : 학습 목표와 '그지도사'

사회의 핵심을 찾아서 시험을 대비하는 첫 단계는 바로 학습 목표다. 학습 목표에 대한 답을 찾기 위해 본문을 읽으면 시험에 어떤 문제가 출제될지 예측하는 것이 쉬워진다. 또한 그림이나 그래프, 지도, 도표, 사진, 사료 등이 교과서에 제시되면 이를 본문 내용과 연관지어 공부해야 득점 확률이 높은 핵심이라고 할 수 있다.

• 사회의 핵심 찾기 2 : 문제부터 풀기

사회 공부하는 학생들을 관찰하면 문제를 너무 늦게 풀고 모든 내용이 외워질 때까지 미뤄 둔다. 그러나 이렇게 하면 공부하는 동안에 무엇이 핵심이고 출제되는지에 대한 감이 없이 모든 내용을 무비판적으로 암기하기 때문에 효율이 떨어진다. 따라서 교과서를 어느 정도 통독한 후에 문제를 먼저 풀어 보아 어떤 문제가 출제되는지 감을 쌓고 나서 교과서를 정독하면 핵심이 입체적으로 보이고 시험에서의 득점 확률이 높아진다.

• 사회의 핵심 찾기 3 : 화이트와 녹음하기

학교 수업 시간에 수업 내용을 녹음하는 아이디어는 학창 시절 실제로 사용했던 방법이다. 수업 내용이 시험화되는 과목의 경우 선생님 말씀을 녹음해서 2회 반복 청취하면 무엇이 시험에 나올지 다 잡아 낼 수 있다. 또한 학기 초에 교과서를 한 권 더 사서 충분한 공부 후에 화이트로 중요한 내용을 몽땅 지운 후 써서 채워 나가는 과정을 반복하면 시험 문제 유형과 상관없이 고득점할 수 있다.

• 커닝 페이퍼도 세 번만 쓰면 공부가 된다

가끔 공부에 어려움을 겪는 하위권 학생을 상담하게 되면 제일 먼저 하는 방법이 '같은 내용의 커닝 페이퍼 세 번 써 보기'다. 쓰는 도중에 공부가 돼 버리기 때문이다. 억지로 시키기보다 공부가 저절로 되는 방법을 익히면 하위권 학생에게도 시험은 신 나는 일이 된다.

Study

4부
–
학습 평가

이 세상 누구나 약점이 있다. 완벽해 보이는 사람조차 약점은 존재한다. 성공하는 사람과 실패하는 사람의 차이는 약점이 있고 없고의 차이가 아니라 약점을 알고 대처하는 태도에 있다. 자기반성은 나의 약점을 그냥 지나치지 않게 하고 그것을 극복하고자 하는 마음을 갖게 하므로 매일 수행해야 할 필수적인 과정임을 기억하자.

공부에서 자기반성이
필요한 이유

　시험 보는 동안은 힘들지만 지루한 사람은 거의 없다. 시험을 잘 보고 싶다는 목적성이 있기 때문이다. 그러나 하루하루의 공부는 힘들고 지겨워 죽을 노릇이다. 목적성이 뚜렷하지 않은 탓이다. 그럼 목적성이 무엇인가? 내가 여기서 뭘 알아야 하는지, 왜 알아야 하는지, 제대로 아는지, 어떻게 판단할지가 명확한 것이다. 무엇이 핵심인지 제대로 파악하고 어떻게 공부할 것인지 알면 공부가 재미있어지기 시작한다. 여기서 그치지 않고 공부한 내용을 스스로 떠올려 보는 연습을 해야 한다. 백지에 내가 어제 외운 영어 단어를 과연 몇 개나 쓸 수 있는지 써 보자. 어제 공부한 과학 실험을 과정까지 설명할 수 있는지 써 보자. 어제 풀어 본 수학 문제 중에 아무거나 임의로 정해서 풀어 보자. 이때 자신감 있게 답할 수 있다면 제대로 공부한 것이다. 목적성이란 이렇게 능동적 자기 평가를 할 때 어느 정도 수준 이상 제대로 답하기 위해 공부한다는 의식을 말한다. 내일 자기 평가 때 30% 이상 답할 수 있도록 단어를 외우려는 학생과 단어를 그냥 열심히 외우려는 학생은 목적성 자체가 다르다. 전자의 경우는 지루함을 방지한다는 뜻이다. 그리고 이것이 제대로 되면 자기 평가 능력이 좋은 것이며 많은 상위권 학생들이 가지고 있는 특징이기도 하다.

❶ 보다 완벽한 나로 거듭나는 힘

2010 밴쿠버 동계 올림픽 직전인 2009년 12월, 2009-2010 국제 빙상 경기 연맹(ISU) 그랑프리 피겨 스케이팅에서 1위를 차지한 김연아 선수를 다 알 것이다. 우승의 기쁨도 잠시 그녀가 다음으로 한 일은 경기를 되돌아보며 자신을 반성하는 일이었다.

'트리플 러츠-트리플 토루프는 완벽했지만 트리플 플립은 실수했어!'

이렇듯 김연아는 반성을 통해 자신의 강점은 더욱 강화하고 자신의 약점은 보완하는 훈련을 했다. 그 결과 2010년 2월 밴쿠버 동계 올림픽에서 세계 신기록으로 금메달을 차지하였다. 그녀가 금메달 전략을 세울 수 있었던 힘은 자신을 객관적으로 되돌아보며 강점과 약점을 정확히 아는 것에서 비롯된 것이라고 하겠다. 이렇듯 자기반성이란 자신을 되돌아보고 보강할 점과 보완할 점을 아는 것이다.

- 보강 : 보태거나 채워서 본디보다 더 튼튼하게 함
- 보완 : 모자라거나 부족한 것을 보충하여 완전하게 함

공부할 때도 우리는 학습 결과가 나오면 결과를 받아들이고 나의 어떤 점을 보강할지, 나의 어떤 점을 보완할지 자신을 돌아보며 파악해야 한다.

❷ 자기반성을 왜 해야 할까?

이유 1. 나의 강점을 발견할 수 있다

나를 되돌아보면 나의 잠재력인 강점을 발견할 수 있다. 이 세상 누구나 강점이 있다. 스티비 원더는 눈이 보이지 않았지만 대신 뛰어난 청각이 강점이 되어 여러 악기 소리를 들으며 그 음을 정확히 연주해 냈다. 강점은 평균적인 나를 돋보이는 나로 만들어 줄 비장의 무기다. 뛰어난 사람이 가진 특별한 능력은 평균적인 강점을 갈고 닦아 평균 이상으로 만드는 데 있다. 자기반성은 강점을 그냥 지나치지 않게 하고 그것을 갈고닦고자 하는 마음을 갖게 한다.

이유 2. 나의 약점을 발견할 수 있다

이 세상 누구나 약점이 있다는 것은 진리다. 완벽해 보이는 사람조차 약점은 존재한다. 성공하는 사람과 실패하는 사람의 차이는 약점이 있고 없고의 차이가 아니라 약점을 알고 대처하는 태도에 있다. 자기반성은 나의 약점을 그냥 지나치지 않게 하고 그것을 극복하고자 하는 마음을 갖게 한다.

이유 3. 성공으로 가기 위한 필수 과정이다

벤자민 프랭클린은 자신이 목표한 이상적인 사람으로 살기 위해 13가지 덕목을 설정해 매일 자신을 평가했다고 한다. 그 덕택에 벤자민 프랭클린은 아주 훌륭한 인품의 소유자가 되었다. '三省吾身(삼성오신 : 군자는 하루에 세 번 자신을 반성한다)'이라는 말도 있듯이 성공에 뜻을 세운 사람이라면 반드시 매 순간 각성하고 반성해야 한다는 의미다. 내가 원하는 모습의 나로 변화하는 과정에서 자기반성은 매일 수행해야 할 필수적인 과정임을 기억하자.

02

시험 후
나를 돌아보는 방법

❶ 나를 돌아보는 5가지 기준 : 성, 실, 교, 도, 의

'성, 실, 교, 도, 의'의 다섯 가지 기준으로 나를 돌아보자.

성	성공	성공한 것, 성취한 것, 만족한 것, 축하할 것은 무엇인가?
실	실망	실망스러운 것, 아쉬운 것, 목표를 이루지 못한 것은 무엇인가?
교	교훈	교훈과 깨달음은 무엇인가?
도	도전	새롭게 도전할 것은 무엇인가?
의	의도	다음 계획, 의도는 무엇인가?

다음 〈예시〉를 참고하여 자기반성할 주제를 정해 볼까 한다.

　　"나는 _____에 대하여 자기반성을 하겠다."

　　예시 : 지난주, 시험, 친구 관계, 운동, 다이어트, 학습 태도, 공

부 습관, TV 시청……

예를 들어 "나는 지난주에 대하여 자기반성을 하겠다."라고 해 보

자.

성 : 지난주에 대하여 성공한 것, 성취한 것, 만족한 것, 축하할 것은 무엇인가?
→ 등교 시간 지켰다. 밝게 인사했다. 책 읽기를 시작했다.

실 : 지난주에 대하여 실망스러운 것, 아쉬운 것, 목표를 이루지 못한 것은 무엇인가? → 학습 플래너를 3번 못 썼다. 공부할 때 휴대폰 유혹에 넘어갔다.

교 : 지난주를 통해 배운 교훈과 깨달음은 무엇인가? → 절제력을 기르기 위해서는 마음가짐과 주변의 도움이 필요하다. 세상에 도움이 되는 사람이 되려면 어떻게 해야 할지 고민해야겠다.

도 : 지난주와 관련하여 새롭게 도전하고자 하거나 도전받고 있는 것은 무엇인가? → 스터디 그룹에서 학습 미션을 수행 중이다.

의 : 지난주와 관련하여 다음 한 주간의 의도는 무엇인가? → 시험을 대비하여 시험 계획표를 작성해야겠다. 시험에 필요한 노트, 프린트 자료를 모아야겠다.

❷ After 시험

시험 그 후 무엇을 해야 할까? 대부분의 학생들은 시험이 끝나자마자 '잠을 자야겠다, 놀아야겠다'라고 생각한다. 하지만 시험 후에는 쉬고 싶은 충동을 참고 시험을 돌아보는 시간을 필수적으로 가져야 한다. 시험이 끝났다고 모든 것이 끝난 것은 아니다. 시험 후 나를 돌아보자.

단계 1. 시험이 모두 끝난 후 채점을 정확히 한다

이번 시험은 92점으로 잘 봤다던 학생이 실제 성적표 점수는 85점으로 하락하는 경우를 자주 본다. 그 원인은 정확하지 않은 답과 맞춰 봤기 때문이라 하겠다. 채점은 반드시 반장이 불러 준 답이나 선생님이 알려 준 답으로 정확히 채점한다.

단계 2. 점수를 받아들인다

이건 내 시험 점수가 아니라고 발버둥 쳐 봐도 내 점수는 변하지 않는다. 선생님이 이상한 데서 문제를 냈다거나, 시험 범위가 잘못된 것 같다는 등 아무리 남 탓을 해 봐도 이 점수는 내 탓이다. 쿨하게 점수를 받아들이자. 노력 부족을 인정하고 노력하면 더 나아질 것을 기대하자.

단계 3. 나의 시험 준비 과정을 되돌아본다

이번 시험을 준비했던 과정을 되돌아보면 다음 시험을 어떻게 준비해야 할지 답이 보인다. 시험 계획 수립/수행 과정, 과목별 공부 과정을 살펴 이번 시험을 되돌아보자.

● 시험 계획 수립/수행 과정 되돌아보기

되돌아볼 내용	체크
구체적이고 명확한 목표를 세웠는가?	
지난 시험을 분석하고 그 결론은 이번 시험에 반영하였는가?	
이번에 세운 목표가 시험 준비를 위한 나의 열정을 불러일으키는 데 도움을 주었는가?	
시험 결과에 대해 적절한 보상이 사전에 마련되었는가?	
시험 준비 기간 중 학습에 대한 동기 부여가 충분히 되었는가?	
시험 계획을 수립하였는가?	
시험 계획이 시험 준비를 위해 효과적이었는가?	

| 시험 공부 방법은 과목별로 적절하였는가? |
| 사전 수립한 시험 계획의 달성률은 높았는가? |
| 전체 시험 계획은 내 목표와 능력에 잘 맞았는가? |
| 시험 준비를 하며 예상되는 장애들을 사전에 제거하였는가? |
| 시험공부 방해 요소(휴대폰, TV, 컴퓨터 등)를 적절히 통제하였는가? |

● 과목별 공부 과정 되돌아보기

되돌아볼 내용	체크
이해와 사고 과정을 제대로 수행했는가?	
구조화하는 정리의 과정을 제대로 수행했는가?	
암기하고 암기 여부를 확인했는가?	
학습한 것을 충분한 문제 풀이로 확인했는가?	
학습 내용을 반복하여 복습했는가?	
교과서나 기본서를 통해 개념을 이해했는가?	
학습 내용을 쉽게 외울 수 있도록 정리했는가?	
암기한 후 백지 테스트, 설명하기를 했는가?	
문제 풀이와 오답 정리를 했는가?	
한 과목에 대해 2회독 이상 하였는가?	

● 정리하기

이번 시험의 시험 계획 수립/수행 과정, 과목별 공부 과정에서 보강할 점 3가지와 보완할 점 3가지를 정리해 보자.

보강할 점	보완할 점
1.	1.
2.	2.
3.	3.

단계 4. 이번 시험 문제를 되돌아본다

이번 시험지를 분석하는 것이 다음 시험을 대비하는 최고의 방법이다.

• 출제 경향성 되돌아보기

어떤 내용이 어떻게 출제되었는지 철저하게 확인하고 다음 시험 준비 때는 거기에 맞춰 공부한다.

• 틀린 이유 되돌아보기

틀린 문제의 이유를 살펴보면 나의 부족함이 드러난다. 틀린 이유가 무엇인지 다음 표를 참고하여 살펴보자.

나의 문제점		
시험 기술 부족	단순 실수	아는 내용인데 실수했어요.
	답안 작성 오류	아는 내용인데 답안 작성을 잘 못했어요.
	시간 부족	시간이 부족해서 아는 것을 못 풀었어요.
시험 준비 부족	이해, 사고	이 부분을 잘 모르겠어요.
	정리, 암기	암기하지 않아 못 풀었어요.
	문제 해결	아는 내용인데 문제를 잘못 이해했어요.
		무엇을 요구하는 문제인지 잘 모르겠어요.
		어떻게 풀어야 할지 잘 모르겠어요.

• 오답의 문제 경향성 되돌아보기

오답을 내는 문제에 경향성이 없는지 확인한다. 예를 들어 '순서 물어보기' 문제가 많이 틀린다든지, '시'에 관련된 문제를 거의 놓친다든지 하는 것을 말이다.

*시험후 과목별 오답 정리하는 원칙

국어와 영어는 쌓이지 않게 하자. 이들 과목은 비슷한 문제가 나오기보다 변화가 심한 과목이므로 틀린 후에 바로 분석하고 풀어봐서 쌓이지 않도록 해야 한다. 그러나 수학은 오답 노트를 반드시 만들자. 언제든지 비슷한 문제가 나올 수 있으므로 틀린 문제 중에 빈출되는 문제는 꼭 모아서 오답 노트를 만들어야 한다. 사회, 과학은 기본서로 단권화하자. 사회나 과학은 별도의 오답 노트를 만드는 것보다 설명이 많이 되어 있는 기본서의 설명 부분 옆에 틀린 문제를 붙여서 단권화하는 것이 원칙이다.

게임이 재미있는 것은 레벨이 있기 때문인 것처럼 시험도 재미있는 게임이라 생각하고 레벨을 올려 보자. 평소에 공부하려면 목적성이 없어서 집중도 어렵고 청각과 후각이 예민해지지만 시험공부는 오히려 재미있고 목적이 뚜렷하다. 당장 결과가 점수로 나오므로 누구보다 자신이 스스로 레벨을 측정해 볼 수 있는 기회다. 즐거운 마음으로 준비하자. 세상에 불가능은 없다.

03

시험 직후
학습·생활 관리

    시험이 끝나면 누구나 마음이 풀어지고 자기 자신에게 보상해 주고 싶은 욕구가 불끈 샘솟는다. 뭐 성적이 잘 나왔건 아니건 말이다. 못했던 게임도 실컷 하고 싶고 영화도 맘껏 보고 싶고 허리가 끊어지게 잠도 자고 싶다. 친구와 시간을 보내거나 일정 기간 동안 지긋지긋한 공부를 잠시 손에서 놓고 싶기도 하다. 문제는 그런 기간이 길어지면 다시 원상 복구하기가 무척 어렵다는 점이다. 3, 4일 놀자고 마음먹으면 100% 일주일에서 길면 열흘의 페이스가 무너진다. 일주일 생각하면 최소 보름이 허공으로 날아간다. 대충 자기 생각보다 두 배 이상의 시간이 어영부영 날아간다고 보면 정확하다. 그래서 시험이 끝나고 마음과 손을 잠시 내려 두고 싶더라도 몇 가지 사항은 놓치지 말아야 한다. 그래야 장기간 페이스 회복이 안되는 현상을 막을 수 있다.

❶ 시험 직후 학습 측면에서의 관리

원칙 1. 동적 휴식

쉬고 싶고 놀고 싶은 마음은 이해한다. 그리고 그래도 좋다. 다만 공부를 아예 손 놓고 쉬는 정적 휴식은 위험하다. 몸을 아예 안 움직이다가 갑자기 움직이려고 하면 힘들지만 조금씩 움직이다가 더 크게 움직이는 것은 쉬운 것과 마찬가지다. 평소만큼 공부를 하지는 않더라도 기본이 되는 과목은 조금씩이라도 공부를 해 주면서 쉬는 동적 휴식이라야 이 기간이 지나고 다시 제 페이스로 돌아갈 때 무리가 없다.

원칙 2. 시험 분석하기

시험 문제들을 분석하고 자기 공부의 부족한 부분을 찾아내는 것이야말로 자기 평가에 있어서 가장 중요하고 손쉬운 공부법이다. 어떤 유형의 문제를 틀렸고 내가 무슨 공부가 부족했는지 찾아서 시험 후 휴식기가 끝나고 나서 할 공부의 방향을 잡는 토대로 삼아야 한다. 특정 유형의 문제를 틀린다면 그런 유형을 반복해서 풀어 보는 연습을 해야 하고 특정 내용에 대한 공부가 부족해서 틀렸다면 그 내용을 보완하기 위한 공부를 해야 한다. 이런 작업이 있어야만 시험을 본 진짜 의미가 살아난다. 최종적인 수능 시험이 아니라면 항상 나의 부족함을 찾는 데에 시험을 활용해야 한다. 나를 평가하는 도구로만 바라보면 시험은 항상 저 멀리 높이 있다. 내가 활용하는 도구로 바라보면 내려다볼 수 있고 그만큼 자신 있게 대비할 수 있다.

원칙 3. 계획 짜기

공부하고 싶은 마음이 들 때 계획을 짜는 게 아니라 계획을 짜야 다시 공부 모드로 돌아갈 마음이 잡힌다. 자기 예상보다 두 배로 놀고 나중에 후회하는 일을 방지하려면 역시 계획 세우기를 이용하는 게 가장 효과적이다. 시험이 끝난 시점으로부터 다음 시험까지의 중장기 계획을 세우고 당장 이번 주 공부할 내용을 정리해 보면 결코 무방비 상태로 놀 수 없다. 시험 기간 동안에야 자습서, 교과서, 내신용 문제집, 프린트, 기출 문제, 위주로 공부했을 것이다. 그러나 시험 기간이 끝나고 나면 본래 자기 페이스로 돌아와서 기본서와 실력 다지기용 문제집을 공부해 나가야 한다. 이런 모드 전환이 자유자재로 이뤄지기 위해 필요한 것이 계획표다. 한번 제대로 짠 계획표는 고민 없이 공부에만 전념하도록 도와주는 최고의 무기다.

❷ 시험 직후 생활 측면에서의 관리

학습적으로는 이 정도만 해도 충분하다. 추가적으로 생활적인 측면에서는 과도하게 늘어난 수면 시간을 경계하자. 나중에 정상으로 회복하는 게 더 괴롭다. TV나 컴퓨터, 휴대폰 등의 사용에 있어서 완전히 무장 해제된 채로 무분별하게 사용하는 것까지는 피하자. 단기적인 중독 현상은 역시 원래 공부 페이스로 돌아오는 데 큰 방해가 된다. 시험이 끝났다면 기분 전환 겸, 공부에 자극도 될 겸 공부

방 구조를 바꿔 보는 것도 큰 도움이 된다. 이렇게 하면 새로운 각오로 다음 시험에 임할 수 있다.

정리하면 시험이 끝났다고 하더라도 동적 휴식, 즉 일정 수준의 공부는 조금씩 하면서 놀아야 후유증이 덜하다. 막상 공부하기가 싫다고 느껴지면 시험 분석이라도 해라. 그러면 다음 시험까지의 공부 방향을 잡는 데 큰 도움을 받는다. 그런 방향성을 기준으로 하는 공부 계획을 짜 보자. 이보다 좋은 페이스 회복의 도구는 없다. 잠이나 컴퓨터, 휴대폰, 인터넷 사용은 평소에 비해 과하게 늘리지 않도록 주의하고 공부방 구조의 변경이 새로운 기분을 만들어 줄 것이니 시험 후엔 이런 시도도 좋다.

04

전략 재수립이
필요한 이유

❶ 전략을 갈아입자

계절이 바뀌면 거기에 맞춰 옷도 얇게 혹은 두껍게 갈아입어야 한다. 한 벌의 옷으로 사계절을 나는 사람도 있긴 하겠지만 이상한 사람 취급받기 십상이다. 계절에 맞게 옷을 다르게 입고 시대에 맞춰 패션이 변한다. 공부도 패션과 다르지 않다. 옷은 곧 학습 전략이며 하나의 학습 전략만 계속 쓰는 것은 사계절 내내 한 벌의 옷만 계속 입는 것과 같다. 혹시 '초등학교 때부터 이런 식으로 공부해서 이게 가장 편하다'라거나 '새로 전략 짜는 게 귀찮다'라거나 '이렇게 했더니 예전에 성적이 올랐다'라는 이유로 학습 전략을 바꾸지 않는 건가? 옷을 갈아입듯이 상황과 때에 맞게 학습 전략도 갈아입어야 한다.

❷ 전략 재수립이 필요한 이유

전략 재수립이란 실천해 본 전략의 잘된 점과 아쉬운 점을 피드백하고 이를 반영하여 전략을 재수립하는 것을 말한다.

이유 1. 부적절한 전략을 발견하고 수정하기 위해

내가 세운 전략이 항상 옳은 것은 아니다. 또, 공부를 잘하는 사람이라 해서 항상 옳은 전략을 세우는 것도 아니다. 부적절한 전략을 발견하고 수정하기 위해 전략을 재수립하는 과정이 필요하다.

이유 2. 성공을 바탕으로 더 나은 전략을 세우기 위해

나에게 적합했고 효과를 본 전략을 유지, 심화시켜 더 나은 전략을 세울 수 있다.

이유 3. 다음 목표로 나아가기 위해

목표가 달라지면 전략도 달라져야 한다. 하나의 목표를 달성한 후 다음 목표로 넘어갈 때는 그에 맞는 전략을 재수립해야 한다.

05

전략 재수립하는
구체적 방법

❶ 전략 되돌아보기

물건을 사서 사용하고 난 후 상품 후기에 쓸 말이 마구 떠오르는 것처럼 전략을 세워 실천을 하고 나면 전략 후기가 마구 떠오르는 게 당연하다. 실천해 본 전략을 되돌아보기 전에 반드시 지켜야 할 것이 있다. 바로 '전략을 충분히 실행해 보기'다. 전략의 효과가 나타날 새도 없이 전략을 평가하고 바꾼다면 아무리 훌륭한 전략이라 해도 무용지물이 되고 말 테니까. 지금부터 전략 되돌아보기의 단계에 대해 알아보자.

단계 1. 나에게 적합한 전략이었는지 판단한다

전략을 충분히 실천해 봤다면 나에게 적합한지 따져 봐야 한다. 전략을 수행하는 데 있어 효과적인 면에서 적합한 전략이었는지 피드백해 본다.

- 내가 수행하기에 어려움이 있었는가?

남들이 보기에 아무리 좋은 전략이라도 내가 수행하기 어렵고 힘들면 소용없다. 전략이 내가 수행하기에 적합했는지 판단한다.

- 내가 노력한 만큼 효과가 있었는가?

아무리 고심하여 작성한 전략이라도 효과가 없으면 그건 좋은 전략이라 할 수 없다. 전략으로 인해 어떤 효과가 나타났는지 판단한다.

단계 2. 전략의 유지 또는 수정을 결정한다

나에게 적합한지 충분히 따져 봤다면 나에게 적합한 부분은 유지하고 나에게 부적합한 부분은 수정한다.

❷ 전략 재수립하기

자신에게 가장 알맞은 전략 수립을 위해 주기적인 점검과 수정이 필요하다. 특히, 시험이 끝난 직후 전략을 되돌아보고 수립하는 것은 필수다.

단계 1. 지난 시험 결과를 작성한다

예)

과목	점수			
국어	85			
수학	70			
과학	100			
사회	84			
한문	100			
미술	100			
도덕	79			

단계 2. 지난 시험 전략을 작성한다

예)

과목	점수	지난 시험 전략		
국어	85	학원 프린트 외우기		
수학	70	교과서 문제 모두 풀기 증명 따로 정리하기		
과학	100	실험 따로 정리하기		
사회	84	교과서 2번 읽기		
한문	100	3일마다 한 번씩 반복해서 외우기		
미술	100	시험 하루 전에 암기하기		
도덕	79	교과서 2번 읽기		

단계 3. 수정할 전략과 유지할 전략을 결정한다

예)

과목	점수	지난 시험 전략	수정 여부	
국어	85	학원 프린트 외우기	수정	
수학	70	교과서 문제 모두 풀기 증명 따로 정리하기	수정	
과학	100	실험 따로 정리하기	유지	
사회	84	교과서 2번 읽기	수정	
한문	100	3일마다 한 번씩 반복해서 외우기	유지	
미술	100	시험 하루 전에 암기하기	유지	
도덕	79	교과서 2번 읽기	수정	

단계 4. 새로운 전략을 세운다

예)

과목	점수	지난 시험 전략	수정 여부	새로운 전략
국어	85	학원 프린트 외우기	수정	교과서 정리하기
수학	70	교과서 문제 모두 풀기 증명 따로 정리하기	수정	수학 인터넷 강의 추가
과학	100	실험 따로 정리하기	유지	
사회	84	교과서 2번 읽기	수정	교과서 2회독+문제 풀기
한문	100	3일마다 한 번씩 반복해서 외우기	유지	
미술	100	시험 하루 전에 암기하기	유지	
도덕	79	교과서 2번 읽기	수정	교과서 2회독+문제 풀기

단계 5. 재수립한 전략을 중장기 계획에 반영해 실천한다

새로운 전략을 중장기 계획에 반영하여 실천한다.

• 이병훈 선생님의 공부법 프로그램

• 테마 예시 : 입시제도 변화에 대한
  이해와 올바른 자기주도학습의 중요성
• 효율적인 학습의 원리 (공부법, 시간
  계획 관리),
• 중학교 공부와 고등학교 공부의
  차이 이해 및 대비 전략
• 수능, 내신, 논·구술 대비
  구체적 과목별 학습법
• 대상 : 초·중·고생 또는 학부모

• 대상 : 초6~고3
• 특징 : 학습 의욕 충전이나 동기 부여
  가 필요한 학생, 학습법을 몰라 공부
  능률이 떨어지는 학생, 열심히 해도 성
  적 향상이 부족한 학생을 위한 주말
  이틀 코스(토요일, 일요일 수업)
• 내용 : 꿈/목표 설정, SKY 로드맵, 과
  목별 공부 방법과 시험 전략, 스터디플
  래너 사용법 등

**자기주도학습
특강**

(주최 기관의 특성 및 요
청에 따라 맞춤화 가능)

**공부법
코스웍**

**1:1
학습 컨설팅**

진학, 진로, 입시
로드맵 컨설팅

• 대상 : 초6~고3
• 특징 : 입시, 진로, 진학 관련
  1:1 직접 상담
• 프로세스 : 자기소개서 제출 후
  분석 및 맞춤 상담

• 대상 : 초6~고3
• 특징 : 목표 설정, 동기 부여,
  공부 방법 및 전략 1:1 직접 상담
• 프로세스 : 자기주도학습 진단 검사를
  통한 분석 후 개인별 맞춤 학습 상담

문의(010-8947-9418 / 02-555-0567 에듀플렉스 전략기획팀)